Living in the Netherlands with Two Jindo Dogs

진돗개 두 마리와 네덜란드에서 살고 있습니다

# 진돗개 두 마리와 네덜란드에서 살고 있습니다

아토록 선명한 행복을 위해

박혜령 지음

Living in the Netherlands
with
Two Jindo Dogs

프롤로그
# 이제는 더 솔직한 이야기를 건네고 싶다

네덜란드에 온 지 2년쯤 되었을 때, 인도네시아에서 살고 있는 오랜 친구에게서 전화가 왔다.
"요즘 뭐 하고 지내는데?" 변함없는 대구 말투였다.
우리는 초등학교 시절부터 친구였는데, 둘다 해외에서 살게 된 지금까지도 이상하게 인연이 이어졌다.
"사실 책 쓰고 있다…." 조심스럽게 말했다.
"책? 무슨 책?"
"그냥… 네덜란드에서 사는 이야기."
곧이어 그녀는 정말로 궁금하다는 듯 물었다.
"그런 책을 누가 읽나? 요즘 사람들은 자기계발서나 소설 같은 거 읽는 거 아니야?"

그러게 말이다. 나도 수없이 자문했다. 과연 내가 책을 써도 되는 사람인지, 내가 쓴 글을 읽을 사람이 있을지. 유명인도 아니고, 특별한 성공담이 있는 것도 아니니까.

그런데 얼마 전 오래된 일기장을 열어보았다. 20대 초반, 내 인생에서 가장 힘들었던 시기에 쓴 것이었다. 취업 준비로 지치고 미래가 막막하던 때라 좌절과 한숨만 가득했을 거라 생각했는데 의외였다. 하고 싶은 일들을 번호까지 매겨가며 빼곡히 적어두었던 것이다.

다시 읽다 보니 나도 모르게 웃음이 났다. 징징대기만 했다고 생각했는데, 결국 하고 싶었던 것들을 하나하나 이뤄온 나 자신이 보였다. 그중 하나가 바로 "평생에 책 한 권 쓰기."

'박혜령, 뭐가 그렇게 무서웠던 거야? 책을 끝까지 못 쓸까 봐? 사람들의 웃음거리가 될까 봐? 기회가 왔는데 왜 망설이고 있니?' 스스로에게 물었다.

생각해보면 유튜브 영상을 만드는 일도 책을 쓰는 일도 비슷하지 않을까. 사람들과 이야기 나누고 싶어서라는 것. 화면 너머 구독자들과 댓글로 주고받는 대화 속에서 나는 점점 더 깊이 연결되고 싶어졌다. 영상으로는 다 담기 힘든 긴 호흡의 이야기들을.

그래서 결심했다. 완벽하지 않아도, 특별하지 않아도, 내가 살아온 이야기를 솔직하게 쓰자고.

남편과 나는 우리 채널 구독자들을 '덕자님'이라고 부른다. 어느 날 톨벤이 문자 메시지에 '구독자'를 잘못 적어 '구덕자'라고 보낸 게 계기였다. 줄여서 덕자. 촌스럽게 들릴 수도 있지만, '덕을 많이 쌓은 사람'이라는 뜻이라 나쁘지 않았다. 게다가 우리 채널에는 강아지, 고양이를 구조하거나 돌보는 분들이 많다. 따뜻한 댓글도 이어진다. 덕이 많은 사람들이 모이는 곳, 그게 우리 채널이었다.

세상은 점점 서로를 믿지 못하고 마음의 문을 닫아버리는 쪽으로 흘러가는 것 같지만, 그래도 나는 믿는다. 결국 사람은 혼자 살 수 없고, 언젠가는 다시 따뜻함과 긍정적인 에너지를 찾게 된다는 것을.

이 책이 그 작은 연결이 되기를 바란다. 조금은 무모하고 엉뚱해 보이는 나의 선택들을 보며, 지금의 삶이 답답하다고 느끼는 누구든 '나도 한번 해볼까?'라는 마음이 들면 좋겠다. 내가 무라카미 하루키의 에세이를 읽으며 어렴풋이 내 삶을 그려본 것처럼. 그의 글을 읽고 나면 괜히 뭔가를 시작하고 싶어졌던 것처럼. 누군가에게 그런 용기를 줄 수 있다면 이 책을 쓰는 이유는 충분하다.

친구와의 통화는 이렇게 끝났다.

"그래, 네가 하고 싶은 거 해라. 어차피 우리 나이에 뭘 또 잃을 게 있나."

맞다. 이제 마흔. 잃을 게 뭐가 있나.

오히려 더는 미룰 수 없는 시간. 그래서 나는 드디어 이 책을 시작했다.

contents

프롤로그 이제는 더 솔직한 이야기를 건네고 싶다 _004

## Part 1
### 멜봉 가족을 소개합니다

나의 작은 강아지, 봉순 _013
우리의 아픈 손가락, 봉택 _020
나를 나답게 해주는 이 남자, 톨벤 _027
산타클로스는 아이스크림을 판다, 내가 꿈꿔왔던 시아버지 _034
이 세상 모든 사랑을 담은 너에게, 세랑 _040
새빨간 전기차를 모는 할머니, 어메이징 우리 엄마 _047
'이제 좀 가볍게 살아보자' 내 영원한 베프, 아빠 _052

## Part 2
### 우리는 점점 웃을 일이 많아진다

빵 굽는 냄새로 기억된 한옥에서의 신혼 생활 _061
단숨에 다섯 가족으로, 이토록 꽉 찬 행복의 시작 _067
네덜란드로 떠날 결심 _075
김치찌개가 이어준 새로운 세계, 새로운 관계 _083
어른이 된다는 건, 부모가 된다는 건 _091
시칠리아 여행에서 생긴 일 _099
마침내 봉택이를 찾다 _105

## Part 3
## 네덜란드에서 살고 있습니다

덴마크에 휘게가 있다면, 네덜란드엔 '허젤리흐'가 있다 _115
파워 J들이 만들어 가는 나라 _123
전직 영어 일타 강사의 네덜란드어 배우기 _131
나답게 단단하게, 그들의 진짜 쿨한 태도 _140
네 코는 스스로 닦아, 네덜란드식 교육관 _147
어린이, 노인, 동물까지도 행복한 나라 _156
멜라니의 네덜란드 여행지 추천 _165

## Part 4
## 나다움을 잃고 싶진 않아

그해 여름, 일시 정지 _181
조금은 오래 스미는 이야기를 하고 싶다 _191
나의 추구미, 90년대 뉴욕에 사는 무라카미 하루키 _198
위스키의 밤과 뉴욕의 여름 _208
가장 이기적인 것이 가장 이타적인 것 _217
마흔에 새로운 친구를 만든다는 것 _225
까치발로 잡는 균형 _232

Part 1

멜봉 가족을 소개합니다

## 나의 작은 강아지, 봉순

나는 누군가에게 살갑게 굴 줄 몰랐다. 무뚝뚝하고, 머스마 같고, 마음을 표현하는 데 어색했던 나였지만 강아지에게만큼은 예외였다. 작고 따뜻한 그 생명체만큼은 꼭 안아주고 싶었다. 다행히 아빠도 강아지를 무척 좋아하셨고, 엄마 몰래 친구분에게서 우리 가족의 첫 강아지를 데려오셨다. 이름은 치치. 치와와(아마도 믹스)였던 그 아이는 성격이 꽤 까칠했다. 지금 생각해보면 강아지에 대해 무지했던 우리가 그 아이를 불안하게 만든 측면도 있었을 것이다. 한번은 치치가 밥 먹을 때 만졌다가 손을 물린 적이 있다. 그 상처는 작았지만 아직도 내 손에 남아 있다. 그런데도 그 아이가 미운 적은 없었다.

여섯 살 무렵, 치치를 안고 동네 언니들을 따라 처음으로 8차선 대로를 건넜다. 부모님께서 절대 건너지 말라고 하셨던 그 도로를 강아지를 안고 건넌다는 건 제법 큰 모험이었다. 돌아오는 길엔 팔이 너무 아파서 도저히 걸을 수 없을 것 같았지만 어떻게든 집까지 데려와야겠다는 생각뿐이었다. 제멋대로였던 치치도 낯선 길 위에선 조용히 내 품에 안겨 있었다. 그때 생애 처음 '책임감'을 느꼈다. 그 작은 강아지를 떨어뜨릴까 봐 나는 식은땀을 흘리며 천천히, 조심스럽게 걸었다. 그 감촉과 떨림은 아직도 생생하다. 그게 내가 처음 다른 생명체와 나눈 교감이자 책임감 같은 것이리라.

뉴욕에서 우울한 날이면 길을 걷다 마주치는 강아지들을 보며 괜히 웃음이 나곤 했다. 한국에 돌아와 시골로 여행을 갔을 때, 길가에 앉아 있는 진돗개들의 눈망울이 어찌나 예뻐 보이던지. 특히 백구의 속눈썹은 마치 쌍꺼풀처럼 보였다. 그게 속눈썹이라는 건 나중에야 알게 되었다.

사실 아빠가 두 번째로 집에 데려오셨던 강아지는 진돗개 황구였다. 참 순하고 귀여웠던 그 아이를 나는 바쁘다는 핑계로 잘 챙겨주지 못했다. 그 미안함이 남아 있어서 그런지 진돗개 눈을 볼 때면 서글프다는 생각이 들었다. 사람의 마음을 다 아는 듯한 기운, 애교를 부리다가도 잠은 따로 자는 독립적인 성품. 진돗개라면 내가 그리는 '가족의 풍경' 속에 가장 잘 어울릴 것 같았다. 남편 톨벤 역시 우리 신혼집 한옥에 한국 강아지가 함께하면 더없이 좋겠다며 동의했다.

결혼하고 생활이 안정되기 시작하자 나는 '이때다' 싶었다. 마음속에 계속해서 그려왔던 이상적인 가족… 그 안엔 강아지가 꼭 있어야 했다. 우리만의 강아지. 봉순이는 순천의 한 가정집에서 태어난 강아지였고, 온라인에서 그 처진 눈꼬리를 보자마자 우리는 순천으로 향했다. 아빠는 봉순이를 보자마자 나보다 더 좋아하셨고, '봉덕동의 순한 아이'라는 뜻으로 '봉순이'라고 이름 지어주셨다. 우리가 출근한 낮엔 마치 우렁 각시처럼 우리 집에 와서 봉순이와 시간을 보내고 가셨다.

처음 봉순이를 키우던 시절은 첫아기를 낳은 듯 설레고 벅찼다. 너무 귀여워서 온종일 안고만 있고 싶었고, 퇴근길마다 설레었다. 봉순이는 마치 말괄량이 공주 같았다. 돌이켜 보면 순하고 따뜻한 면이 세랑이와 참 닮았다. 그런 봉순이는 1년 만에 대형견이 다 되었다.

밤늦게 강의를 마친 뒤 봉순이와 신천을 산책하곤 했는데 어느 날, 어릴 적 함께 잘 놀았던 진순이와 시비가 붙어 봉순이가 진순이에게 살짝 물렸다. 그 순간 봉순이는 깨갱 하며 "엄마, 쟤가 나 때렸어!" 하고 달려드는 사람 아이처럼 내 무릎에 안겨 들었다. 그때 정말 애가 날 엄마라고 생각하나 싶은 묘한 감정이 들었다. 서울과 대구에서 주말부부로 지낼 때도 봉순이는 내 위안이자 소울메이트가 되어주었다.

아빠가 암 진단을 받으신 뒤, 매일매일이 힘겨웠다. 지켜보는 우리 가족 모두 지쳐갔지만 시간이 길어질수록 그 무게를 말로 꺼내기가 더 어려워졌다. 톨벤에게조차 더 이상 힘든 이야기를 하고 싶지 않았다. 그럴 때마다 나는 봉순이를 꼭 끌어안았다. 소리 내어 울기도 했다. 그러면 봉순이는 어김없이 그 '다 안다'는 눈빛으로 내 곁을 가만히 지켜주었다. 말하지 않아도 마음을 함께 짊어지는 존재가 곁에 있다는 것, 그게 얼마나 큰 위로가 되는지 그때 알았다. 그 위로는 나만 받은 것이 아니었다. 아빠가 투병하실 때도 나는 매일 밤 봉순이를 데리고 부모님 댁에 갔다. 아빠는 기운이 없을 때조차 침대에서 내려와 봉순이를 어루만지며 미소 지으셨다.

네덜란드 시아버지까지 봉순이에게 반해 우리가 여행을 갈 때면 네덜란드에서 오셔서 펫시터를 자처하셨다. 봉순이는 가족을 하나로 이어주는 존재, 말 그대로 '사랑 그 잡채'다. 얼마 전 친구가 봉순이, 봉택이, 세랑이 셋 중 가장 수월한 아이가 누구냐고 묻자 나는 주저 없이 "봉순이"라고 답했다. 집에선 듬직한 K-장녀, 들판에선 아직도 새끼 강아지처

럼 깡총깡총 뛰는 토끼가 되고 마는 봉순이. 이런 아이를 어떻게 사랑하지 않을 수 있을까?

처음 우리 집에 온 날, 봉순이는 밤새도록 가족을 찾듯 하울링을 했다. 다음 날, 출근길에 녹음기를 켜두고 갔더니 그 울음이 그대로 담겨 있었다. 마음이 아렸지만 다행히 일주일 만에 그 소리는 사라졌다. 대신 애교와 장난기 가득한 본 모습이 드러났다. 밤마다 집 안을 뛰어다니는 '우다다' 시간, 이갈이를 하며 손을 잘근거리던 모습. 그 말괄량이가 어느새 의젓한 숙녀가 되었다. 차분히 걷는 모습이 멋지기도 했지만 장난꾸러기 시절이 그리운 건 어쩔 수 없었다.

하지만 어른이 된 봉순이는 네덜란드에 오자 다시 달라졌다. 들판에서 웃으며 달리는 모습은 마치 어렸을 적으로 돌아간 듯했다. 강아지도 기분이 좋을 때 웃는다는 걸 다른 사람들도 알까. 입꼬리를 올린 그 얼굴을 보면 아무리 힘든 일이 있어도 결국 웃음이 난다.

## 우리의 아픈 손가락,
## 봉택

봉택이는 코로나 시기, 나와 남편이 잠시 재택근무를 하던 때에 유기견 보호 앱에서 처음 보게 된 아이였다. 우리가 살던 대구 인근을 떠돌던 유기견으로, 매일 저녁 주인과 산책하러 나오는 동네 강아지들을 졸졸 따라다닌다는 신고가 여러 건 접수되어 있었다. 사람은 경계하지만 강아지는 좋아한다는 설명과 함께. 봉순이의 새끼 때와 너무 닮아서인지 자꾸 마음이 갔다.

우리는 삶은 닭가슴살과 사료, 물을 챙겨 들고 봉택이가 자주 출몰한다는 곳으로 향했다. 낮에는 보이지 않던 봉택이는 해가 진 뒤 슬쩍 모습을 드러내더니 봉순이에게도 관심을 보이며 따라왔다. 닭가슴살을 던져주자 허겁지겁 먹긴 했지만 손길은 절대 허락하지 않았다. 그렇게 며칠을 같은 시간에 찾아가 밥을 주다 보니 봉택이는 점점 우리를 기억하기 시작했고, 적당한 거리를 두고 따라오기도 했다.

일터로 복귀할 시간이 다가오면서 고민이 깊어졌다. 매일 운전해 밥을 주러 오는 것도, 그렇다고 구조를 미루는 것도 쉽지 않았다. 보호소로 보내면 안락사 위험이 있고, 사설 구조대에 연락하기엔 코로나 상황이 발목을 잡았다. 결국 우리 손으로 직접 구조하기로 했다.

톨벤은 해외 동물 구조 영상을 몇 편 찾아보더니 온라인으로 대형 뜰채를 주문했다. 뜰채가 도착하자 우리는 본격적인 연습에 들어갔다. 날쌘 봉택이를 실수 없이 보쌈해 오려면 기술이 필요했다. 나는 강아지 역할을 맡아 당황한 듯 이리저리 뛰어다녔고, 톨벤은 그 뒤를 쫓았다. 그런데 뜰채는 생각보다 크고 무거워서 날렵하지 않았고, 결국 내 머리를 '쿵' 하고 치기도 했다.

우리는 충분히 연습한 뒤 실제 구조 동선을 계획했다. 내가 동네의 작은 다리 쪽으로 봉택이를 유인하면 톨벤이 뒤에서 뜰채로 낚아채는 방식이었다. 만약 봉택이가 물로 뛰어들거나 위험한 상황이 되면 즉시 멈추기로 했다. 귀에 이어폰을 꽂고 서로 전화를 연결해 교신하는 일까지 준비했다.

구조 전날 밤, 평소처럼 간식을 주고 돌아서는데 봉택이가 짖으며 다가왔다. '나 두고 가지 마'라고 말하는 듯한 눈빛에 마음이 철렁 내려앉았다. 텅 빈 밤거리에 혼자 서서 우리가 차에 오르는 모습을 멀찍이 바라보는 모습이 애처로웠다. 다가오고 싶지만 두려움 때문에 발걸음을 떼지 못하는 것처럼 보였다. 그 작은 몸이 왜 가냐는 듯 어리둥절하게 서 있는 모습에 가슴이 미어졌다. 나는 차에 오르며 소리쳤다.
"내일 꼭 올게! 너도 꼭 와야 해."

다음 날, 연습까지 해둔 뜰채를 챙겨 출동했지만 봉택이는 나타나지 않았다. 밤새 불안해하다 다음 날 다시 찾아갔고, 마침내 주차된 차 인근에서 봉택이를 발견했다. 우리는 조심스럽게 다리 쪽으로 봉택이를 유인했고, 봉택이는 예상보다 쉽게, 순순히 잡혀주었다.

봉택이란 이름은 봉택이가 있던 지역 이름인 '혁신도시(대구신서혁신도시)'에서 따온 '택tech'과 '봉덕동'의 '봉'을 합쳐 지었다. 그렇게 봉택이는 우리 가족이 되었다.

다음 날, 동물병원에서 봉택이의 나이를 듣고 우리는 깜짝 놀랐다. 얼굴은 아기 같은데 이미 1년 반 이상 된 청년이었던 것이다. 그리고 봉택이는 사회화 시기를 놓쳐 사람을 두려워하는 아이였다. 몇 주가 지나도 소파 밑에서 나오지 않았고, 집에 손님이 오면 벌벌 떨었다. 새 주인을 찾아주

자는 계획은 자연스레 사라졌다. 연락이 오긴 했지만 마음이 내키지 않았다. 주말부부에 곧 아기까지 생길 시기인데 사회화도 안 된 유기견을 키우는 건 무리라는 조언도 들었지만… 나는 예나 지금이나 남의 말을 잘 듣는 스타일은 아니므로 그냥 'Go'였다. 봉택이는 이미 우리 가족이었다.

그리고 정말 아기가 생겼다. 알고 보니 봉택이를 구조하던 그 무렵이었다. 임신과 출산 그리고 예상치 못한 두 번째 강아지 입양까지 겹치며 체력적으로도 정신적으로도 쉽지 않은 시기였다. 아기를 돌보는 동시에 봉택이의 사회화를 시도하는 일은 생각보다 버거웠다. 출산 뒤에는 전문 훈련사의 도움을 받아 집 안 적응과 산책 훈련을 했다. 자유롭게 거리를 떠돌던 봉택이는 우리에게 입양 된 뒤에는 줄을 매고 걸어야 했는데, 줄만 채워도 기겁하며 달아나려 했다. 큰 소리만 나도 갑자기 돌진해, 나란히 걷는 일이 늘 불안불안했다. 그런데도 언젠가는 봉택이와 함께 편안히 산책하는 것을 목표로 사회화 훈련을 시작했다.

훈련사가 처음 권한 과제는 '버스 정류장에서 버티기'였다. 소리에 예민한 봉택이를 데리고 버스 정류장에 서서 버스가 들어오고 사람들이 몰려 승하차하는 모습을 조용히 지켜보게 하라는 것이었다. 그날 나는 출산한 지 몇 달 되지 않은 몸으로 훈련에 나섰다. 관절이 여전히 흐물흐물하고 시큰

거렸지만 아무렇지 않은 듯 줄을 힘껏 잡고 버텨야 했다. 봉택이는 금세 도망치려 줄을 세차게 당겼고, 줄은 내 다리에 돌돌 말렸다. 이어 근처 공원으로 가서 많은 사람 사이를 함께 걸으며 턴하는 연습을 했다. 그러나 봉택이는 이곳에서도 사람들을 두려워했고, 있는 힘껏 줄을 당기며 직진하려 했다. 10킬로그램도 안 되는 몸이었지만 온 힘을 다해 잡아당기는 봉택이를 버텨내는 건 치열한 싸움이었다. 봉택이는 거의 패닉 상태로 헐떡였고, 결국 나는 헥헥거리는 아이를 품에 안고 걸어 나올 수밖에 없었다.

그리고 문득, 이런 생각이 들었다.

'한때는 결혼도 하지 않고, 아기도 낳지 않겠다던 나는 왜 이 아이들을 선택했을까? 왜 이 수고를 감수하려 한 걸까?'

하지만 이 모든 수고의 끝에서, 나는 내가 점점 변해가고 있다는 걸 알았다. 혼자가 아니라 함께 살아가는 법을 배워가고 있었다.

봉택이는 아직도 낯선 사람이 오면 떨고, 사람이 많은 길에선 도망치려 애쓴다. 하지만 우리와 함께 있을 때는 발가락을 살짝 깨물며 장난도 치고, 네덜란드 시골 산책길에서는 꼬리를 살랑이며 왕자님처럼 걷는다. 우리에게만 보여주는 봉택이의 반짝이는 순간들. 어떤 사람들은 구조한 지가 언젠데 아직도 벌벌 떠느냐고 묻지만 나는 이제 이렇게 대답할 수 있다.

"그래도 이 아이는 끝까지 사랑받는 걸 배워야 하니까."

그리고 나 역시, 그런 사랑을 감당하는 사람이 되어가고 있으니까.

## 나를 나답게 해주는 이 남자,
톨벤

 우리가 결혼한 지도 어느덧 10년이 되어간다. 그동안 크게 싸운 적이 한 번도 없다. 그건 전적으로 톨벤 덕분이었다. 제아무리 까칠한 사람이라도 톨벤 앞에서는 그렇게 굴 수 없을 거란 생각이 들 만큼 그는 늘 평온하고 다정하다. 마음을 차분하게 가라앉히는 분위기가 있다. 그런데 또 가만히 보면 결코 만만한 사람은 아니다. 누군가가 그를 이용하려 하거나 부당한 상황에 처하면 단호하게 경계를 그을 줄 안다. 부드럽지만 쉽게 흔들리지 않는 사람이다.
 톨벤은 내가 아는 사람 중 가장 균형 잡힌 사람 아닐까 하는 생각이 들 때가 많다. 똑똑하고 유머 있고 이해심 깊고, 소소한 허술함도 있어 인간미까지 갖춘 사람. 때론 들뜨고,

때론 가라앉는 순간들 속에서도 그는 묵묵히 자리를 지킨다. 그런데도 자만하거나 위에서 내려다보지 않는다. 그런 점이 늘 대단해 보인다.

가끔 농담처럼 말하곤 한다. 그가 대머리가 아니었다면 나는 감히 그를 넘보지 못했을 거라고. 그 진입장벽(?) 덕분에 우리가 만나게 된 걸 지금도 은근히 감사하게 여긴다.

사람들은 네덜란드 남자들이 무뚝뚝하고 정이 없다고들 말한다. 실제로 개인주의적인 분위기는 강한 편이다. 하지만 사람마다 다르고, 가정마다 온도차가 있다. 예컨대 부모가 아플 때 누군가는 '자기 삶은 자기 책임'이라며 거리를 두기도 하지만 또 어떤 이는 식사를 챙기고 병원에도 동행한다. 톨벤은 확실히 후자다. 그는 한국식 정서에도 자연스럽게 어울린다. 함께 밥 먹고 간식 나누는 걸 좋아하고, 장모님이 집에 오시는 것도 진심으로 반긴다. 불편하지 않냐고 물으면 고개를 저으며 "맛있는 음식도 해주시는데 오히려 땡큐지"라고 말한다.

톨벤은 나보다 눈물이 많다. 물론 자주 우는 건 아니지만 감정이 복받칠 땐 눈빛이 먼저 바뀐다. 사실 그는 스페인 세비야에서 내게 청혼할 계획으로 반지를 준비했었다. 나 몰래 공원에서 사진사까지 예약해두고 완벽한 순간을 꿈꾸고 있었다. 그런데 공항 검색대에서 내게 그 사실을 들킬까 봐 반

지를 수화물에 넣어두었고, 도착해 가방을 열었을 때 반지가 사라졌다는 걸 알게 되었다. 결국 다음 날, 톨벤은 반지 없이 무릎을 꿇고 내 손을 잡았다. 그의 올리브 빛 눈동자에 눈물이 맺혀 있었다. 반지는 없었지만 그 순간만큼은 오히려 더 진실했다. 나는 "근데 반지는 어디 있어?"라고 농담했지만 그때의 떨림과 진심은 오래도록 잊히지 않는다.

연애 시절이나 지금이나 톨벤은 크게 변하지 않았다. 요즘도 내가 피곤하다고 말하면 조용히 온몸을 마사지해준다.

사실 나는 어릴 때부터 다리가 굵다는 말을 자주 들으며 자랐다. 중학생 때는 남자애들끼리 "다리 굵은 여자랑은 절대 못 사귄다"라고 수군대는 말을 듣고 꽤나 심각하게 낙심한 적도 있다. 그래서 혼자 비혼 선언을 했을 정도였다. 지금 생각하면 우습기도 하고 조금 짠하기도 하다. 그런데 이제 내 옆에는, 그 다리를 아무렇지 않게 쓰다듬고 마사지해주는 남자가 있다. 그저 자연스럽게. 별일 아니라는 듯.

이렇게까지 사랑받을 거라곤 생각 못했기 때문에 가끔은 이런 일상이 낯설기도 하다. 괜히 자랑처럼 느껴질까 조심스러워 오히려 그에게 "술님(밤마다 맥주나 와인을 즐기는 그를 놀리는 애칭)"이라고 부르며 장난친다. 그런 모습만 보면 우리 사이가 나쁜 줄 아는 사람도 있지만 실은 반대다. 너무 소중

해서 숨기고 싶은 마음, 어릴 적 어머니들이 어여쁘고 소중한 아이에게 "우리 똥강아지"라 부르던 느낌이 바로 이런 것일까?

그는 나를 있는 그대로 받아준다. 톨벤 곁에 있으면 나도 점점 나다워진다. 잘 보이려 애쓰지 않아도 괜찮고, 뭔가 되지 않아도 괜찮다. 실제로 그가 가장 자주 하는 말도 "괜찮아"다. 정확히 말하면 대구 사투리가 살짝 섞인 "괜찮타~"다.

"나 화장 안 했는데…" "괜찮타~"

"오늘 요리 망했는데…" "괜찮타~"

"세랑이 머리가 엉망인데…" "괜찮타~"

"나 요즘 살이 좀 찐 것 같은데…" "괜찮타~"

그 말이 반복될수록 나는 점점 덜 조급해지고, 더 편안해진다. 그 사람 곁에서 나는 '나답게' 살아간다.

물론 그에게도 약점은 있다. 본인의 체력을 너무 과신한다는 것. 그는 뭐든 할 수 있다고 믿는다. 세랑이가 태어난 이후 하루에도 몇 번씩 세랑이를 안고, 장을 보고, 정원을 손보고, 청소하고, 요리하고, 또 세랑이를 안고. 그렇게 지내다 결국 족저근막염을 얻었고, 최근엔 지간신경종이라는 진단도 받았다. 병원에서는 스테로이드 주사와 수술을 권했지만 그는 단호히 거절했다. 네덜란드 문화상 복약이나 수술을 조심스러워하기도 하고, 인터넷에서 수술 이후 다시 걷지 못했

다는 괴담들에 겁나기도 했기 때문이다.

문제는 여전히 그가 아프다는 말을 잘 하지 않는다는 것이다. 오늘도 여전히 세랑이를 번쩍 안고, 텃밭에 쪼그려 앉아 잡초를 뽑는다. 나는 그런 그를 볼 때마다 속이 탄다. 입 안까지 "그만하고 쉬어"라는 소리가 올라오지만 잔소리로 들릴까 봐 그 말을 삼킨다.

사실 이건 톨벤만의 이야기는 아니다. 우리 동네 네덜란드 남자 대부분이 그렇다. 80대 아버님도 마찬가지다. 무거운 걸 번쩍 들고, 혼자 사다리에 올라가고, 뭐든 스스로 해결하려 하신다. 내가 옆에서 지켜보며 긴장하고 있으면 "괜찮아, 이 정도는 할 수 있어"라고 하신다. 그들의 부지런함이 존경스럽기도 하고, 걱정스럽기도 하다.

그들을 말릴 수 있을까? 아니면 그들이 내게 그런 것처럼 나 또한 그저 그들답게 살아가도록 하는 게 맞을까. 분명한 건 하나다.

나를 나답게 해주는 사람, 나보다 정이 많은 이 사람과 함께 살아간다는 것.

그건 내 인생에서 가장 좋은 선택이었다.

## 산타클로스는 아이스크림을 판다, 내가 꿈꿔왔던 시아버지

나는 오랫동안 어른이라는 존재를 불편하게 여겼다. 초등학교부터 고등학교까지 선생님들에게 혼나고 뺨을 맞고, 눈치를 보며 지내는 동안 어른은 피하고 싶은 대상이었다. 그러다 미국에서 대학을 다니며 다른 종류의 어른들을 만났다. 학생을 친구처럼 대해주고, 질문을 반기며, 삶의 이야기를 나누던 교수님들. 그분들과 가까워지며 처음으로 이런 생각을 했다.

'결혼하게 돼서 만날 시부모님도 저런 분들이라면 얼마나 좋을까.'

그 생각이 현실이 되던 날… 나는 톨벤과 함께 아버님 댁으로 향했다. 가기 전, 톨벤은 다소 긴장한 얼굴로 조심스럽게 말했다.

"우리 아버지랑 나는 많이 달라. 혹시 내가 나이 들면 아버지처럼 될까 걱정하진 말아줘."

처음엔 무슨 뜻인지 몰라 되물으니 그는 아버지가 많이 연로하시고 어리숙해 보일거라고 말했다. 실제로 아버님은 비교적 늦은 나이에 결혼하셨고, 마흔이 다 되어 첫 아이를 얻으셨다. 그러니 내 부모님보다는 연세가 훨씬 많으셨고, 거의 나의 조부모님뻘이었다. 톨벤은 그게 은근히 신경 쓰였던 모양이다.

하지만 첫 만남에서 나는 오히려 안심했다. 아버님은 마치 산타클로스 같은 인상이었고, 손수 저녁을 차려주며 편안하게 대화를 이끌어주셨다. 소박한 집 안엔 돌아가신 어머님의 흔적이 고스란히 남아 있었고, 그 분위기마저 따뜻하게 느껴졌다. 아버님의 말투와 미소를 보며 나는 마음속으로 몇 번이나 되뇌었다. '이런 시아버지라면 정말 좋다…'

그 뒤로도 나는 아버님이 화내는 모습을 단 한 번도 본 적이 없다. 언제나 한결같고 평온한 분. 우리 가족은 "아무래도 네덜란드가 일찍부터 잘살아서 저런 성품이 가능한가 봐"라며 농담처럼 이야기하곤 했다. 하지만 아버님의 삶은 결코 평탄하지 않았다.

아버님은 제2차 세계대전 말기, 네덜란드의 작은 마을에서 태어나셨다. 당시 네덜란드는 전쟁 피해가 심각해 굶어 죽는 사람도 많았고, 아버님의 집안 형편도 넉넉하지 않았다. 부모님이 대학을 보내줄 사정이 못 된다는 것을 일찌감치 감지한 아버님은 열세 살부터 아르바이트를 시작했고, 열여덟 살이 되자마자 자신이 번 돈으로 대학에 진학하셨다. 그 마을에서 대학에 간 사람은 오직 두 명, 동네 의사 아들과 아버님뿐이었다고 한다.

아버님께서 하셨던 아르바이트 중 하나가 아이스크림을 파는 일이었다. 그래서일까, 아버님이 아이스크림을 드실 때면 나는 늘 상상하게 된다. 커다란 아이스크림 통을 들고 마을을 누비던 어린 소년의 모습을.

그 시절을 겪으셨기에 아버님은 절대 음식을 낭비하지 않으신다. 세랑이가 남긴 음식은 물론, 내가 배부르다며 남긴 케이크까지도 안 먹을 거면 달라고 하신다. 마치 딸이 남긴 음식인 양, 아무렇지 않게.

아버님의 아내, 그러니까 내가 한 번도 뵌 적 없는 어머님은 톨벤이 스무 살 무렵 돌아가셨다. 10여 년이 넘는 오랜 투병 끝이었다. 그 긴 시간 동안 아버님은 회사에서 일하면서 아픈 아내와 두 아들을 돌보셨다. 어느 날, 아버님과 단둘이 커피를 마시며 조심스레 여쭌 적이 있다.

"그 시절 정말 힘드셨을 텐데… 어머님을 떠나고 싶다는

생각은 안 드셨어요?"

이런 질문은 네덜란드에선 그리 이상한 게 아니다. 현실적인 이유로 이혼을 선택하는 일도 드물지 않으니까.

그러자 아버님은 오히려 본인의 투병 때문에 가족들이 힘들까 봐 어머님이 먼저 이혼을 원했던 시기도 있었다고 하셨다. 하지만 아버님은 아이들 때문에라도 절대 가정을 포기할 수 없었다고. 너무 힘들 땐 회사에서 마침 외국으로 출장을 보내줘서 숨통이 트이기도 하셨단다. 농담처럼 웃으며 말씀하셨지만 그 안에 얼마나 많은 고독과 인내가 숨어 있었을지 상상하게 되었다.

몇 해 전, 아버님은 암 진단을 받으셨다. 다행히 조기에 발견되어 수술도 잘됐고, 회복도 빠르셨다. 그런데도 확실히 예전보다 기력이 많이 약해지신 건 사실이다. 그렇지만 아버님도 어쩔 수 없는 더치 가이. 여전히 자전거를 타고 직접 장을 보시고, 웬만한 일은 혼자서 해내신다. 간혹 기차에서 사람들이 과도하게 자신을 도와주려고 할 때면 부담스럽다고 하신다. 그런 아버님을 불편하게 하고 싶지 않아 나는 웬만하면 모른 척하면서 동시에 매의 눈으로 지켜본다. 혹시라도 다치진 않으실까, 무리하진 않으실까. 몸이 약해졌는데도 여전히 독립적이고 싶어 하는 모습마저도 아버님답다.

사실 내가 유튜브를 계속하게 된 데엔 아버님 영향도 있다. 아버님은 한국에서 우리가 어떻게 살아가는지 매일같이 챙겨보시고, 본인이 출연한 영상이 인기를 끌자 은근히 즐거워하는 눈치셨다. 한국을 방문했을 때 길거리에서 누군가가 알아봤다는 이야기를 들려주실 때면 말투에 어린아이 같은 흥분이 섞여 있었다.

아버님은 내게 때로는 할아버지 같고, 때로는 아버지 같은 존재다. 그 중간쯤에 놓인 어떤 포근한 감정.

요즘도 나는 자주 생각한다. 아버님과 어디를 가면 좋을까, 무엇을 하면 기뻐하실까. 그 상상을 하는 것만으로도 흐뭇해진다. 이미 떠나신 내 아빠께 해드리지 못한 일들을 이분과 함께할 수 있어서 참 고맙다. 그래서 때로는 내가 일부러 큰소리를 내고, 오버해서 분위기를 띄우기도 한다. 남자들만 있는 이 조용한 집안에 나 같은 사람이 하나쯤은 있어도 되지 않겠나.

오늘도 나는 궁리 중이다. 이 산타클로스 같은 분을 웃게 할 다음 아이스크림은 뭘까 하고.

## 이 세상 모든 사랑을 담은 너에게,
### 세랑

사랑이라는 말이 참 낯설고 멋쩍게 느껴지던 시절이 있었다. 경상도 집안에서 자라서일까, 아니면 원래 성향이 그런 것일까. 연애에는 마음이 열려 있었지만 '사랑'이라는 단어 앞에서는 늘 조심스러웠다. 특히 모성애 같은 감정은 내게 너무 멀게 느껴졌다.

〈슈퍼맨이 돌아왔다〉 같은 인기 육아 프로그램은 본 적도 없고, 사실 왜 보는지도 이해되지 않았다. 낯선 아이에게 자연스럽게 다가가 말을 건네는 사람들을 볼 때마다 늘 신기했다. 엘리베이터 안에서 처음 보는 아이와 단둘이 있게 되면 마음이 복잡해졌다. 말을 걸어야 할지, 아니면 가만히 있어야 할지, 혹은 어떻게 말을 건네야 자연스러울지 망설이다가 결국 아무 말도 못 하고 문이 열리는 일이 다반사였다. 그런 내가 엄마가 되었다.

임신은 처음부터 쉽지 않았다. 출산에 대한 막연한 두려움은 어느 정도 각오하고 있었지만 진짜 시련은 입덧이었다. 나의 입덧은 임신 초기부터 출산 직전까지 이어졌고, 약도 거의 듣지 않았다. 어떤 날은 거실에서 화장실까지 가지 못하고 바닥에 토한 적도 있었고, 하룻밤에 일곱 번이나 토한 날도 있었다. 당시 남편은 주말에만 집에 오는 상황이었고, 나는 혼자 화장실 바닥에 누운 채 엄마에게 전화를 걸어 울먹이며 "지금 너무 힘들다"고 급히 와달라고 부탁했던 밤도 있었다. 결국 임신 6개월쯤에는 당시에 했던 토익 강의를 두 달 정도 쉬다가 다시 정신을 다잡아 막달까지 강의를 이어갔다.

출산은 의외로 담담하게 지나갔다. 여러 이유로 제왕절개를 선택했는데 수술은 10분 남짓 걸렸고, 의사 선생님이 "이제 아기 나옵니다"라고 말한 직후 아기 울음소리가 들렸다. 코로나 탓에 신생아실로 바로 보내졌기에 세랑이의 얼굴을 자세히 보지도 못한 채 첫 만남은 끝났다. 영화처럼 눈물이 나는 순간은 없었다.

하지만 집으로 돌아와 포동포동한 세랑이를 팔에 안고 있으면서 마음이 조금씩 변해갔다. 엄마가 끓여준 미역국에 밥 한 숟가락을 떠먹고, 곁에는 봉순이, 봉택이와 함께 누워 있

는 아기를 바라보고 있자니 '아, 이래서 사람들이 육아휴직을 쉽게 끝내지 못하는구나' 하는 생각이 들었다. 눈도 잘 못 뜨는 아이의 얼굴을 온종일 바라보고 가끔씩 방긋 미소 짓는 모습을 보면 그렇게 설렐 수 없었다. 마치 오래 잊고 있었던 소꿉놀이를 다시 하는 기분도 들었고, 어느 순간엔 엄마, 톨벤, 세랑이, 나 그리고 강아지들까지 다 함께 여름 캠프에 들어가 지내는 무리처럼 느껴졌다. 같이 먹고 자고 웃고, 서로의 리듬에 익숙해지면서 연대감 같은 게 생겼달까. 그때 나는 옥시토신이라는 호르몬의 지배 아래 있었던 것 같다.

세랑이는 머리카락도 나지 않아 황비홍 같은 모습이었지만 너무 귀엽고 사랑스러웠다. 하지만 마음 한편에서는 아이와 나 사이의 거리가 사라질까 봐 두려워하는 자신을 느끼기도 했다. 감정적으로 너무 몰입하면 나 자신이 흐려질까, 혹은 아이에게 과하게 기대고 집착하게 되지 않을까 하는 때 이른 걱정이 들었다.

그런 걱정들은 시간이 지나면서 자연스럽게 사라져갔다. 이제 네 살인 세랑이는 사람을 무척 좋아하는 아이가 되었다. 혼자 놀기보다는 누군가와 함께하는 걸 원하고, 봉순이와 봉택이에게도 아주 다정하다. 아침에 일어나면 제일 먼저 "안녕, 봉순아, 봉택아" 하고 인사하고, 강아지들이 밥을 먹을 때면 "맛있게 먹어" 하며 지켜본다. 그런 모습을 보면 이 아이가 어떻게 이렇게 따뜻한 마음을 가지게 되었는지 신기하다.

어릴 적 사립초등학교로 전학 갔을 때, 나는 처음으로 이른바 '치맛바람' 센 엄마들을 보게 되었다. 교문 앞에서 아이를 챙기고, 학원과 숙제까지 일일이 관리해주는 엄마들의 모습은 그 시절 내겐 꽤 부러운 대상이었다. '왜 우리 엄마는 저렇지 않을까' 하는 마음이 스멀스멀 올라왔으며, 그 감정은 나도 모르게 은근한 거리감과 작은 결핍의 형태로 내 안에 자리 잡았다.

하지만 안다. 그것이 꼭 아이를 위한 것도, 좋은 것도 아니라는 걸. 아니, 애초에 옳고 그름을 따지는 일 자체가 무의미하다는 걸 이제는 안다. 나는 그저 내가 줄 수 있는 방식으로 아이를 사랑하면 된다. 그리고 세랑이가 세상과 건강하게 만나고, 자기 삶을 잘 살아갈 수 있도록 곁에서 도우면 된다.

아이를 기르며 개인적으로 재미있는 것은 한 인간을 태생부터 관찰할 수 있다는 점이다. 아침에는 세상 상냥하다가도 저녁이 되면 짜증을 내고 별것 아닌 일에도 울음을 터뜨리는 아이의 모습. 그걸 보며 '아, 인간은 원래 이렇게 감정의 리듬을 타는 존재구나' 하고 생각하게 되었다.

특히 기억에 남는 건 세랑이가 막 돌이 지났을 무렵 일이다. 내가 "우유 주까?" 하고 물으니 고개를 저으며 "됐따~"

하고 또박또박 대답하는 게 아닌가. 말도 제대로 못 하는 아이가 사투리로 그렇게 분명하게 거절하니 배꼽을 잡고 웃었다. 지금도 세랑이는 그런 아이다. "엄마, 나 기분이 좋아!" 하며 소파에서 방방 뛰다가도 싫은 건 "됐따~" 하고 분명하게 말한다. 이런 모습들을 보며 나도 나 자신에게 더 관대해졌다.

아이를 갖기 전 나는 '아직 나 자신의 가치관도 철학도 정립 안 됐는데 아이를 낳아도 되는 걸까?' 하고 고민하곤 했다. 그 이야기를 들은 친구 지영이는 "그런 건 그냥 하면서 배우는 거야"라고 했다. 그땐 잘 이해하지 못했지만 지금은 그 말이 얼마나 단순하고도 진실한 조언이었는지 알겠다.

가끔 세랑이가 갑자기 내게 달려와 꼭 안으며 "엄마, 사랑해!"라고 말할 때가 있다. 별다른 이유도 없이, 그냥 갑자기. 처음엔 당황스러웠다. 사랑이라는 말이 낯설었던 내게 이렇게 자연스럽게 사랑을 표현하는 아이가 신기했다. 그럴 때마다 "엄마도 사랑해" 하고 대답한다. 낯설었던 '사랑'이라는 단어가 이제는 삶의 가장 자연스러운 리듬이 되었다. 사랑이란 거창한 감정이 아니라 오늘을 함께 살아가는 일상 그 자체라는 걸 세랑이를 통해 배웠다. 오늘도 나는 사랑을 있는 힘껏 외친다. 그녀의 이름, 세상 사랑. 세랑아!

## 새빨간 전기차를 모는 할머니, 어메이징 우리 엄마

엄마와 나는 가까우면서도 먼 사이였다. 자주 전화하지도 않았고, 통화할 때도 용건만 간단히 주고받는 편이었다.

엄마는 맏이였다. 여동생 둘과 남동생 하나를 둔. 그 시절 장녀들이 그랬듯 어려서부터 동생들을 돌보고 집안일을 도맡았다. 결혼한 뒤에도 마찬가지였다. 오빠와 나를 키우면서 아빠 사업까지 도와야 했으니 몸이 두 개라도 모자랐을 것이다. 아빠는 사업상 술자리가 많아 매일 밤늦게 들어왔고, 자연히 집안의 모든 일은 엄마 몫이었다.

둘째인 나는 늘 후순위였다. 오빠가 먼저였고, 나는 그다음이었다. 그래서 엄마에게 불만이 많았고, 엄마는 내게 "넌 왜 그렇게 예민하냐"라고 자주 말씀하셨다. 한번은 오빠가 거실에서 엄마에게 혼나고 있을 때, 나는 볼일을 다 봤는데도 화장실에 앉아 나가지 않고 생각했다. '혹시 엄마는 마귀가 아닐까?' 항상 감정을 표현하던 아빠와 달리 엄마는 감정을 잘 드러내지 않았고, 쉽게 마음을 내비치지 않으셨기 때문이다.

나는 원하는 학원이 있으면 무조건 다니고 싶어 했다. 엄마가 "거긴 너무 멀어서 안 된다"라고 하면 "내가 버스 타고 갈게"라며 끝까지 조르고, 결국 엄마는 못 이기는 척 허락해주는 식이었다. 그렇게 우리 모녀는 특별한 교감도 특별한 다툼도 없이 덤덤하게 살아왔다.

성격도 취향도 관심사도 완전히 다르다고 생각했던 엄마와 내가 처음으로 마음이 통했다고 느낀 건 20대 무렵이었다.

미국에서 대학을 다닐 때, 방학 중 스시집에서 시간제 웨이트리스로 일했다. 어느 날 주문을 잘못 받는 바람에 매니저가 전체 팁을 깎았다. 파트타이머들이 팁을 모아서 나눠왔는데 내 실수로 모든 사람의 돈이 줄어들고 말았다. 민망하고 서러워 화장실에 가서 울고 있는데 마침 한국에서 전화가 왔다.

"엄마…" 떨리는 목소리로 받으니 엄마는 짧게 물으셨다.
"많이 힘드나?"
그러곤 용돈을 보내주겠다고 하셨다.

나중에 알았지만 그때는 집안이 무너져내리기 직전이었다. 나보다 몇만 배는 힘들었을 텐데 엄마는 말없이 내 손을 잡아주셨다.

아빠가 사업에 실패한 뒤 우리 가족의 중심을 다시 잡은 것도 엄마였다. 절대 우리 앞에서 눈물을 보이지 않던 분이 처음으로 울음을 터뜨리신 건 아빠의 암 투병이 길어지고 더 이상 희망이 보이지 않을 때였다. 이제 좀 형편이 나아지고, 오빠와 나도 자리를 잡아가던 참이었는데.

아빠가 돌아가시고 처음 몇 달간은 많이 힘들어 보였지만 엄마는 다시 일어서셨다. 아빠 유품을 정리하고, 기억하고 싶어 하는 분들께 몇 점 나눠드린 뒤 나머지는 모두 처분하셨다. 평소 남의 이야기를 잘 들어주는 성품인 데다 인상도 좋아서 금세 활발하게 사람들도 만나고 취미 활동도 시작하셨다.

그리고 세랑이가 태어난 후 엄마는 '넌 학원 일에 전념하라'며 세랑이가 어린이집에 가기 전까지 1년 반 동안 전담해 돌봐주셨다. 사투리가 약간 섞인 베이비토크를 하시는 모습이 너무 귀여워서 나는 물었다.

"엄마, 왜 내가 어릴 때는 그렇게 안 했는데?"

"그때는 그런 사람들이 잘 없기도 했고, 나도 우리 엄마한테 그런 걸 못 겪어봤거든."

그때 깨달았다. 엄마는 항상 감정을 숨기도록 교육받아 오신 것이다. 장녀로서 동생들에게 무엇이든 나눠줘야 했고, 본인의 꿈도 일찌감치 포기해야 했던 분이었다.

우리가 네덜란드로 떠나기 전, 엄마는 아쉬운 마음을 애써 숨기려 하셨다. 그런데 공교롭게도 발목을 다쳐 수술까지 받게 되셨다. 딸과 손녀를 떠나보내야 하는 상황에서 혼자 병원에 입원하신 것이다. 코로나 때문에 보호자도 함께 있을 수 없었다.

병실에 홀로 누워 있는 엄마에게 어느 날 밤 전화를 걸어 말했다. 마침 엄마가 타던 낡은 차가 말썽이었기도 해서.

"엄마, 내 차… 엄마가 타라."

"무슨 소리고. 말도 안 되는 소리 하지 마라."

그때 나는 처음으로 속마음을 털어놓았다.

"엄마, 나는 엄마가 항상 오빠만 좋아하는 줄 알았다. 그리고 엄마가 나를 한 번도 마음에 들어 하거나 인정한 적이 없다고 생각했다."

그 말을 들은 엄마는 울면서 대답하셨다.

"엄마는 니가 늘 스스로 잘해서 너무 자랑스럽게 생각했는데…"

그렇게 엄마는 내가 드린 빨간 테슬라를 타고 전국 방방

곡곡을 여행하신다. 테슬라가 한국에 처음 들어왔을 때 산 차라 평생 슈퍼차저 무료 이용 혜택이 있는데, 학원과 집만 오가던 나는 별로 타지 않아서 거의 새 차나 다름없었다. 장거리 여행을 즐기시는 엄마에게는 그야말로 딱이었다.

엄마는 가끔 카톡으로 여행지 인증샷을 보내며 "딸 덕에 너무 행복하다"고 하신다. 내가 어렸을 때부터 알고 지낸 엄마 친구분과 함께 빨간 차 앞에서 찍은 사진도 보내주시는데 그분이 "혜령이가 준 차 너무 타보고 싶다"고 하셨다고 자랑하신다.

엄마는 생애 처음으로 혼자 비행기를 타고 네덜란드에 오시기도 했다. 그리고 그 뒤로도 벌써 몇 번이나. 처음에는 유튜브에서 영어 회화 영상을 보며 입국심사 예상 질문에 대한 답을 열심히 외우셨다고 한다. 막상 심사대에 서니 예상 질문은 하나도 안 받았다는, 이제는 입국심사도 "너무 자신 있다"고 씩씩하게 말씀하시는 엄마.

어제도 엄마에게서 카톡이 왔다. 부산 어느 카페 앞에서 찍은 사진이었다. 빨간 차 보닛에 기대어 서 있는 엄마의 모습이 꽤 당당해 보였다. 60년 넘게 참아온 마음들을 이제야 조금씩 꺼내보고 있는 중인가 보다. 그리고 나도 그런 엄마를 새롭게 알아가는 중이다.

## '이제 좀 가볍게 살아보자'
## 내 영원한 베프, 아빠

　어느 무더운 여름날 아침, 분주하게 준비해서 세랑이와 어린이집에 뛰어갔다. 걸어서 20분 거리인 어린이집으로 가는 길에 있는 교회 마당 한쪽엔 무덤이 있다. 세랑이는 "엄마, 저게 뭐야?" 하고 물었다. 어떻게 설명해야 할까 잠시 머뭇거리다가 "저건 무덤이라는 건데… 엄마 아빠 있지? 외할아버지가 배 아파서 하늘나라 가셨잖아. 그럼 저렇게 땅에 묻어주는 거야…"라고 말해주었다. 이해했는지 모르겠지만 그 뒤부터 세랑이는 그 길을 지날 때마다 "엄마, 박○○ 할아버지 저기 있지?" 하고 묻곤 한다. 세랑이가 그렇게 갑자기 훅 아빠 이름을 부를 때면 나는 잠시 멈칫한다.
　가끔 거울을 보면 내 얼굴 어딘가에 아빠가 있다. 별로 마음에 든 적 없는 얼굴이지만 아빠가 돌아가신 뒤엔 내 얼굴이 조금은 마음에 들게 됐달까… 내 얼굴 구석구석에 아빠의 흔적이 남아 있기 때문이다. 또 가끔은 세랑이 얼굴을 꼼꼼히 들여다본다. 세랑이 얼굴에 아빠의 표정이 스치듯 드러날 때가 있다. 그러고는 혼자 웃는다.

나에게 아빠는 언제나 내 편, 내 친구, 내 유머 파트너였다. 그 시절엔 흔하지 않았던, 일명 로맨틱 경상도 가이. 무뚝뚝하고 거리감 있는 다른 집 아빠들과 우리 아빠는 달랐다. 흥 많고 분위기 메이커였으며, 평소에도 농담을 자주 던지며 집 안을 웃음으로 채워주었다.

내 이름 '박혜령'을 아빠는 장난스럽게 "바케여이"라고 불렀다가 줄이고 줄여 결국엔 "바캉"으로 만들었다. 어릴 땐 밤늦게 오는 아빠에게 전화를 걸어 "언제 와? 올 때 맛있는 거 사 와"라고 신신당부하곤 했다. 그러면 아빠는 술기운에 흥얼거리며 아이스크림이나 치킨을 들고서 "바캉~" 하고 큰 소리로 외치며 현관문을 여셨다. 포장 안에서 김이 모락모락 올라오는 순간, 나는 현관 앞에서 신나서 발을 동동 굴렀다. 그 시절 우리는 닭 한 마리를 통째로 기름에 튀긴 온마리 통닭이라는 걸 즐겨 먹었고, 지금도 나는 일주일에 한 번은 오븐에 치킨을 통으로 넣고 구워 소금에 찍어 먹는다. 그 옛날의 그 맛처럼.

아빠는 멋쟁이셨다. 주말이면 나와 함께 한껏 멋을 부리고 영화관 데이트를 나섰다. 나갈 채비를 하며 거울을 보던 아빠는 머리를 슥 빗으며 "아빠 멋있제?" 하고 물으셨는데, 진심으로 멋있었다. 영화배우처럼. 그런 아빠와 함께 길을 걷는 것만으로도 나는 신이 났다. 느지막이 일어난 아침엔 "바캉, 짬뽕 한 그릇 때릴래?" 하고 물으셨고, 나는 "오케이!" 하고 헐레벌떡 따라나서 얼큰한 짬뽕을 먹어치우곤 했다. 그릇을 들고 국물을 벌컥벌컥 들이켜는 나를 보며 아빠는 "역시 우리 딸은 내 입맛까지 닮았네!" 하며 웃으셨다.

중학생이던 어느 날, 아빠는 "대학 가면 빨간색 오픈카를 사줄게"라고 하셨고, 내가 "부담스러워서 그런 거 못 탄다"라며 너스레를 떨면 "서울에선 다 그렇게 한다더라"라고 대답하셨다. 그렇게 허세(?)도 살짝 있는 점이 엄마는 늘 불만이셨지만… 지금 생각하면 영화의 한 장면처럼 딸내미와 빨간색 오픈카를 타고 드라이브하는 게 아빠의 로망이었을지도 모르겠다.

대구에서 강사로 일하던 시절, 아빠는 내가 맡은 저녁 직장인 수업을 강의실 멀찍이 앉아 들으셨다. 영어는 서툴렀지만 그냥 내가 강의하는 모습을 보고 싶으셨던 것이다. 집에 돌아오셔선 엄마에게 "우리 딸이 얼마나 자신감 넘치고 유쾌하게 수업을 잘하는지 몰라. 아빠뻘 되는 아저씨들이랑 농담도 하고 질문도 막 하더라니까" 하며 자랑을 늘어놓으셨다. 그 자랑은 나에겐 세상에서 가장 따뜻한 응원이 되었다.

그러던 아빠가 암 진단을 받았을 때, 믿기지 않았다. 큰 병인데도 아빠는 우리를 안심시키려 별거 아니라고 하셨지만, 사실 진통제 없이 버티기 어려운 시간이었다. 생존율이 낮고 극심한 고통을 동반하는 소화기계 암이었다. 음식을 삼키는 것조차 어려워졌다. 3년의 힘겨운 치료 끝에, 어느 날 아빠는 나와 오빠를 불러 조용히 말씀하셨다.

"이제 나를 놓아줬으면 좋겠다."

그 말에 나는 "그렇게 힘드나…?"라고 물었고 아빠는 말없이 고개를 끄덕이셨다. 나는 막 터지려는 울음을 참느라 어금니를 꽉 깨물었지만 눈에서는 닭똥 같은 눈물이 떨어졌고 고개를 떨궜다. 잠시 침묵이 흐르고 난 뒤 아빠는 마약성 진통제를 코에 뿌리셨다. 맨정신으로 대화하기 위해 잠시 고통을 참고 계셨던 것이다. 하지만 우리는 차마 그 부탁을 받아들이지 못했고, 계속 치료를 받도록 했다. 얼마 지나지 않아 아빠는 임종을 맞았다.

간호사가 마지막 인사를 하라며 우리를 불렀다. 무슨 말을 해야 할지 몰라 눈만 마주치던 그 순간, 아빠는 힘겹게 고개를 들고 말했다.

"땡큐."

그 한마디를 남기고 아빠는 다시 머리를 베개에 놓고 고개를 옆으로 젖힌 채 눈을 감으셨다. 옆으로 돌린 얼굴은 고통스러웠던 지난날과는 달리, 흑백사진 속 청년처럼 평화롭고 반듯해 보였다. 이후 한동안 아빠는 내 꿈에 거의 매일 나오다시피했다. 고통스러운 얼굴일 때도 있었고, 평온하게 웃고 계신 날도 있었다. 그러다 문득 이제 진짜 작별해야겠다는 생각이 들었다. 아주 멀고 추운 곳으로 가고 싶었고, 언젠가 영상으로 본 피오르가 기억났다.

나는 아빠가 아끼던 손목시계를 들고 노르웨이 피오르로 향했다. 배 위에서 시계를 꺼내놓고, 흐르는 물결을 바라보며 말했다.

"아빠, 이제 진짜 안녕."

그리고 꾹꾹 눌러왔던 눈물이 하염없이 흘러내렸다. 그날 이후 아빠는 더 이상 내 꿈에 나오지 않았다. 마음의 무게가 조금 덜해졌고, 나는 다짐했다. '이제는 좀 가볍게 살아보자.'

그 후 나는 오랫동안 망설이던 '아이를 갖고 싶다'는 생각을 하게 되었다. 준비되지 않았다는 이유로 미뤄왔던 마음을 더는 늦추고 싶지 않았다. 마침내 세랑이가 태어났고, 아이를 키우며 자주 이런 생각이 든다. '아빠가 세랑이를 봤다면 얼마나 좋아하셨을까.'

네덜란드에 와서 마음이 힘들었던 때, 나는 한동안 새벽에 일어나 동네를 한 바퀴 뛰는 루틴을 만들었다. 새벽 하늘은 생각보다 깊고 조용했고, 무수히 많은 별이 떠 있었다. 그중 유난히 또렷하게 빛나는 별 하나를 나는 '박○○ 별'이라고 부르기로 했다. 그 별을 보기 위해 새벽을 기다리고 문을 열던 날들이 있었다. 그 시간들은 내 마음의 혼란을 조금씩 가라앉혀주었다.

그런데 요즘은 그 별을 잘 안 본다. 굳이 찾지도 않는다. 아빠는 이제 별보다 가까운 곳에 있는 것 같아서. 어제도 세랑이는 새 옷을 사주자 혼자 예쁘게 차려입고 거실에서 워킹하더니 "엄마, 나 멋지지?"하고 물었다. 주말 나들이를 준비하며 거울 앞에서 "아빠 멋있제?"하던 그 모습과 너무 닮았다. 세랑이는 아빠를 한 번도 본 적 없는데 어쩜 그렇게 똑같은 표정을 짓는 걸까.

가끔 세랑이가 엉뚱한 농담을 던질 때마다 아빠였다면 어떻게 받아쳤을지 궁금해진다. 분명 더 재미있게 맞장구쳐줬을 텐데. 이렇게 아쉬움이 들다가도 금세 웃음이 난다. 어차피 세랑이 안에 아빠가 살아 있는데 뭘. 그게 더 자연스럽고, 아빠다운 것 같다.

Part 2

우리는 점점

웃을 일이

많아진다

## 빵 굽는 냄새로 기억된 한옥에서의 신혼 생활

아침에 일어나면 곧장 부엌으로 향한다. 내 발소리에 봉순이와 봉택이가 벌떡 일어나 문 앞에서 낑낑대며 문을 열어 달라고 아우성이다. 문이 열리면 둘은 100미터 달리기 선수처럼 마당 끝 울타리까지 전력 질주한다. 밤사이 양들이 다녀갔는지 확인하는 것이다. 한국에 있을 때도 봉순이와 봉택이는 이 루틴이었다. 단지 그때는 대상이 고양이였다는 점만 달랐다.

대구 한옥 담장을 건너 다니던 길고양이들은 봉순이와 봉택이를 놀리듯 여유롭게 담 위를 걸어다녔다. 가끔은 담쟁이 덩굴 속에 숨어서 우리를 엿보기도 했다. 그중에서도 한 고양이가 자주 와서 우리를 지켜보길래 참 심심한가 보다 해서 그 아이 이름을 심심이로 지어주었다.

사실 고양이들은 봉순이와 봉택이가 오기 전부터 그 집 터줏대감이었다. 톨벤이 한국으로 오기로 결정한 뒤 우리는 대구에 신혼집을 알아보기 시작했다. 평소 자기 주장이 강한 편은 아닌 톨벤은 신혼집에 관해서만큼은 단호했다. 높은 아파트 대신 아담한 단독주택, 가능하다면 한옥이었으면 좋겠다고. 그는 기와가 얹힌 지붕과 처마 끝에 드리운 곡선을 무척 좋아했다. 햇살과 바람이 머무는 처마 밑, 나무 기둥이 주는 따뜻한 감촉 같은 것들. 한국적인 생활의 리듬을 직접 경험해보고 싶다는 게 톨벤이 한옥을 원하는 이유였다. 당시 부모님과 함께 살던 아파트 근처에는 오래된 한옥들이 조금 남아 있었다. 하지만 대부분 상태가 좋지 않았고, 골목이 좁아 주차도 어려웠다. 나는 고개를 절레절레 흔들 수밖에 없었다.

그러다 아빠가 나서셨다. "한옥은 내가 멋지게 고쳐줄 수 있다." 암 투병 중에도 아빠는 기운을 내어 골목 안쪽에서 금방이라도 쓰러질 듯한 낡은 한옥을 찾아내셨고, 우리는 어느새 그 집을 계약해버렸다. 아빠는 직접 현장을 진두지휘해 지붕과 골조만 남기고 집을 거의 새로 짓다시피 했다. 그렇게 우리의 첫 보금자리가 생겼고, 톨벤이 한국에 들어오기 전 내가 먼저 그 집에 들어가 살게 되었다.

낮이면 길고양이 가족이 마당에 햇볕을 쬐러 와서 장난치며 놀다 가곤 했다. 나는 통유리 너머에서 조용히 고양이들을 바라보며 사료와 물을 챙겨놓았다.

얼마 뒤 톨벤이 네덜란드 생활을 정리하고 완전히 한국으로 왔다. 큰 가구들은 이미 들여놓았고, 나머지 물건들은 함께 고르기 시작했다. 거실에 둘 식물, 마당에 놓을 허브 화분, 그리고 톨벤이 가르쳐주기로 한 자전거까지. 모든 게 새롭고 설레었다. 허브에 '허' 자도 몰랐던 나는 파슬리, 오레가노, 타임의 향과 잎 모양을 구분할 줄 알게 되었고(물론 아직도 파슬리와 고수는 헷갈려 잘못 사오곤 한다), 햇살 좋은 주말엔 조그만 데크에 매트를 펴고 요가 동작을 어설프게 따라 해 보기도 했다. 선선한 밤, 마당에 앉아 와인을 한잔할 때면 "캬…" 하는 소리가 절로 났다.

톨벤은 여느 네덜란드인처럼 요리를 곧잘 한다. 아니 보통의 네덜란드인보다 잘한다. 친구들을 집에 불러다 요리해주는 게 취미이기도 하다. 주말에 톨벤이 주방에서 펜넬 크림 파스타를 만들기 시작하면 그 고소하고 향긋한 냄새가 마당까지 번져나가고, 나와 봉순이는 어느새 부엌 앞에 앉아 입맛을 다시고 있다. 톨벤에게서 좋은(?) 영향을 받아 나도 요리를 하게 되었다.

예전엔 요리하는 시간도 낭비라고 생각했다. 나는 강의를 더 하면 한 시간에 얼마를 더 벌 수 있는지 늘 머릿속으로 계산기를 두드리던 사람이었다. 사 먹으면 되는 걸 굳이 왜 손수 만들어야 하나 싶었고, 재료 준비부터 뒷정리까지 요리의 모든 과정이 비효율적으로 느껴졌다. 그야말로 효율충 중의 효율충이었다.

사실 일하지 않는 시간에 쉰다는 명목으로 가만히 누워 있으면 오히려 온몸이 쑤시기도 한다. 누워서 휴대전화를 보다 보면 힐링은커녕 손목도 아프고 머리가 더 복잡해졌다. 어느 날은 문득 허무함이 밀려오기도 했다. 그때 필요한 건 '몰입할 수 있는 무언가'였다. 결혼 이후 나에게 그 '무언가'는 자연스럽게 요리가 되었다.

아무 잡념 없이, 음식이 타지 않도록 집중하는 시간. 그 시간이 조금씩 쌓여 내게도 주무기가 몇 가지 생겼다. 봉골레 파스타, 수플레 팬케이크, 샥슈카 그리고 크렘 브륄레. 일단 이 정도만 할 줄 알아도 집에 손님들이 놀러 왔을 때 어느 정도 안심이 된다. 마당에서 뜯은 바질을 샥슈카 위에, 파슬리는 봉골레 위에 흩뿌릴 때면 작지만 단단한 만족감이 번졌다. 누구도 모르는 우리만의 비밀스런 우주, 마당 있는 집이 나를 서서히 그러나 확실히 바꾸고 있었다.

신혼 6개월 동안 대구에서 꿀처럼 달콤한 시간을 보낸 뒤 톨벤은 서울에서 새 일을 시작했고, 용산에 오피스텔을 구했다. 금요일이면 기차를 타고 대구로 내려오는 톨벤은 한 번도 피곤하다고 내색하지 않았다. 나는 주중에 봉순이와 단둘이 조용한 한옥 생활을 즐겼다. 방학처럼 바쁜 시기에는 봉순이를 학원에 데려가기도 했다. 수강생들은 봉순이를 무척 좋아해줬다. "봉순이 언제 또 와요?" "봉순이 때문에 수업 안 빠져요!" 팬까지 생긴 봉순이 덕분에 강의실 분위기는 한층 따뜻해졌다.

늦은 밤, 강의를 마치고 돌아오면 이따금 머릿속이 여전히 분주하고 심장이 두근거렸다. 그 흥분을 가라앉히기 위해 나는 종종 베이킹을 했다. 버터를 바르고 생크림을 올릴 때마다 가슴속에선 말랑한 감정이 피어올랐다. 빵을 만들고 있는 내 모습이 참으로 느긋하고 좋았다. 그런데 막상 만들고 나면 함께 먹어줄 사람이 없었다.

그제야 진심으로 느꼈다. 내가 만든 무언가를 함께 먹어줄 사람이 있다는 게 얼마나 고마운 일인지. 그때 만든 케이크와 디저트는 근처에 사시는 부모님과 수강생들과 나눠 먹었다. 잘 만들지도 못한 음식에 "맛있어요!"라고 해주는 말에 고맙기도 하고 미안하기도 했다.

그 무렵부터 요리는 단지 '먹기 위한 행위'가 아니라 내가 '살아 있음을 확인하는 일'이 되었다. 내가 만든 걸 누군가와 나누고, 그걸 맛있게 먹는 모습을 보면서 나도 조금씩 달라졌다. 입가에 피어나는 미소를 보는 것이 기쁨이 되었다.

  빠르고 효율적으로 움직이는 것이 삶의 능력이라 믿었던 예전과는 조금씩 달라지고 있었다. 봉순이와 톨벤과 함께 살면서, 계획대로 흘러가는 시간만큼이나 자연스럽게 흘러가는 시간도 소중하다는 걸 배워갔다. 효율만 따지던 나의 삶에 작은 여유가 스며들기 시작한 것이다.

  그나저나 우리가 네덜란드로 오기 몇 달 전에 심심이가 사라졌다. 심심이는 잘 지내고 있을까?

## 단숨에 다섯 가족으로,
## 이토록 꽉 찬 행복의 시작

아빠가 돌아가신 뒤 톨벤과 나는 자연스럽게 아기가 생기기를 바랐다. 서른다섯이 넘은 나이에 주말부부 생활을 하고 있었지만 처음엔 대수롭지 않게 생각했다. 하지만 시간이 지날수록 조금씩 초조해졌다.

친한 친구가 병원에 가서 가볍게 상담을 받아보라고 권했다. 그렇게 찾아간 병원에서 의사는 내게 "왜 이렇게 느긋하냐"고 했다. 지금 돌이켜보면 나는 요즘 불임이 흔하다는 것조차 모르는 사람이었다. 톨벤까지 소환되어 우리 부부는 검사를 받고, 스케줄을 고려한 '중요한 날짜들'이 적힌 종이도 받았다. 하하하. 그런다고 해서 아기가 바로 생기는 건 아니었지만.

그러던 중 갑자기 대구에서 코로나 확진자가 무더기로 발생했다. 강의가 무기한으로 중단되는 초유의 사태가 닥쳤다. 톨벤도 대구로 내려와 나와 '집콕' 생활을 시작했다.

지금은 그런 일이 있었나 싶을 정도로 까마득해졌지만 그때 정말 심각했다. 그 일로 전 세계 사람들이 'Daegu'라는 단어를 확실히 알게 됐을 정도였다. 멀리 사는 외국 친구들이 하나같이 문자를 보내 내 생사를 확인하기도 했다.

언제 끝날지 모르는 답답한 시간을 톨벤과 봉순이와 함께 알콩달콩 요리도 해먹으며 나름 잘 보냈다. 그런 와중에 우리에게 또 다른 가족 구성원이 합류했다. 바로 봉택이였다. 코로나 시기 유기견 보호 앱에서 만난, 대구 인근을 떠돌던 진돗개 믹스였다.

나중에 알게 되었지만 봉택이를 구조하던 그 시기에 임신이 되었다. 우리는 단숨에 세 식구에서 다섯 식구 대가족으로 점프하게 되었다.

사실 마냥 좋은 일만은 아니었다. 봉택이는 사회화가 안 된 채로 자란 아이였고, 주변에서는 "진돗개와 아기를 같이 키우는 건 정신 나간 짓"이라고 했다. 그럴 만도 했다. 한국에서는 진돗개를 사나운 견종으로 여기니 아기를 물 염려가 있다고 걱정할 수 있었다. 우리는 봉순이를 믿었지만 만에 하나 사고라도 생긴다면 평생 씻지 못할 일을 벌인 거였다.

그런데 웬걸, 내 배가 불러올수록 봉순이는 자꾸만 배를 핥았다. 마치 그 안에 꼬물거리는 생명체가 있다는 걸 아는 것처럼. 자신은 임신을 경험해본 적도 없는데. 참 신기하고 고마웠다. 그렇게 봉순이는 세랑이를 낳으러 가기 전날 밤까지도 내 배에 뽀뽀해줬다.

임신 중기쯤부터는 봉순이의 행동이 더욱 달라졌다. 평소 산책이라면 사족을 못 쓰던 봉순이가 나와 산책하러 나가려고 하면 집 앞에서 안 가겠다고 버티는 것이 아닌가. 반면 톨벤과 갈 때는 순순히 움직였다. 정말로 나와 아기를 보호하겠다는 거였을까?

봉택이는 여전히 조심스러웠지만 가끔 내 쪽을 향해 킁킁거리며 냄새를 맡곤 했다. 뭔가 변화를 느끼고 있는 것 같았다. 임신한 여자에게서 나는 특별한 냄새를 감지했던 걸까.

3주간 산후조리원 생활을 마치고 세랑이를 안고 한옥 문을 여는 순간, 봉순이와 봉택이는 우리를 향해 신나서 달려왔다. 그러고는 아기 냄새를 맡았다. 집 안에 들어가서 잠시 진정시킨 다음, 본격적으로 강아지들에게 세랑이 냄새를 맡게 했다.

방석 위에 올려놓은 세랑이에게 강아지들은 차례로 와서 아주 조심스럽게 킁킁거렸다. 공격하려는 눈빛은 조금도 보이지 않았다. 살짝 냄새를 맡고 물러서고는 다시 다가가서 냄새를 맡았다. 그렇게 강아지들은 막냇동생에게 정식으로 인사했다.

그날 밤 봉순이는 나만큼이나 잠을 설쳤다. 두 시간마다 깨서 젖병을 물리는 나를 거실 유리문 너머로 계속 지켜보고 있었다. 내가 걱정돼서였을까 아니면 단순히 호기심이었을까. 이유야 어찌 됐든 새로운 생활에 동지가 생긴 것 같아 든든했다.

톨벤과 나도 육아는 처음이라 아주 조심스러웠다. 하지만 봉순이와 봉택이가 안정적인 모습을 보이자 점점 세랑이와 함께하는 시간을 늘렸다. 그리고 봉순이와 봉택이가 소외받는다고 느끼지 않도록 노력했다.

당시 봉택이는 여전히 사회화 훈련 중이었고 우리와는 거리감이 좀 있었다. 그런데 세랑이에게만큼은 특별한 관심을 보였다. 내가 거실 소파 앞에 매트리스를 하나 깔아놓고 세랑이와 함께 잘 때면 자꾸 세랑이 옆에 와서 엉덩이를 밀착하고 앉는 일명 '궁디파킹'을 하는 것이었다. 그 모습을 보고 얼마나 신기하던지.

지금 생각해보니 봉택이는 산책할 때도 몸집이 자기만 한 강아지를 보면 낑낑거리며 꼭 옆에 가서 냄새를 맡고 관심을 보였다. 구조하러 다닐 당시 봉택이가 자기와 체구가 비슷한 다른 강아지와 함께 다니는 걸 목격한 적 있었다. 혹시 세랑이를 보고 예전 친구가 떠올라서일까. 아니면 우리 집에 자기와 비슷한 크기의 숨 쉬는 존재가 생긴 데에 안도감을 느낀 것일까. 정확한 이유는 알 수 없지만 봉택이는 마치 '내가 데려온 아이니까 내가 지킬 거야'라고 말하듯 궁디를 세랑이에게 들이밀었다. 그걸 지켜보는 톨벤과 나는 그저 신날 수밖에.

어느 정도 자라 기어다니게 되면서 세랑이는 봉순이와 봉택이를 챙기기 시작했다. 둘 중에서도 유난히 "택택" 거리며 봉택이에게 간식을 챙겨줬다. "엄마"라는 단어보다 "택"이라는 말을 먼저 소리 내기 시작했다. 거침없던 세랑이는 봉택이 발을 덥썩 잡기도 하고 봉택이에게 기대기도 했다. 그러면 봉택이는 못 이긴 척 가만히 있어줬다. 다른 사람에게는 경계심이 강한 봉택이가 세랑이에게만큼은 한없이 온순했다.

어쩌면 세랑이도 알았던 게 아닐까. 봉택이가 자신과 비슷한 나이라는 걸. 그래서 더 친근하게 느낀 건지도 모른다. 둘 다 각자의 방식으로 이 세상에 적응해가는 중이었으니까.

아기와 강아지 두 마리를 함께 키운다는 건 결코 쉬운 일이 아니었다. 사랑을 독차지했던 봉순이에게 미안한 마음이 드는 것도 어쩔 수 없었다. 하지만 지금 셋을 보면 더 이상 그런 걱정과 미안함은 들지 않는다. 셋은 마치 처음부터 가

족이었다는 듯 서로 아낀다. 이제는 세랑이가 강아지들에게 마당 문을 열어주고 간식을 주고 봉순이의 리드줄을 잡고 함께 산책한다.

가끔 생각한다. 그 집콕 시간이 없었다면 봉택이와 세랑이를 한꺼번에 만날 수 있었을까? 우연이라고 하기엔 너무 절묘한 타이밍들이다. 마치 누군가 이 모든 걸 계획한 것처럼. 한가롭고 여유로운 시간을 조금 내려놓는 대신, 이토록 꽉 찬 행복이 내게 찾아왔다.

## 네덜란드로 떠날 결심

한옥에서의 애개 육아는 엄마의 도움을 받으며 비교적 순조롭게 진행되었다. 톨벤은 내가 출산할 즈음 회사를 옮겼고, 새 회사는 재택근무가 활발한 곳이어서 대구에서 일할 수 있었다. 톨벤은 근처 엄마 댁에서 일했고, 엄마는 우리 집으로 와서 육아를 도와주셨다. 나는 3개월의 출산휴가를 마치고 일터로 복귀했다.

모든 것이 겉보기엔 안정적으로 돌아갔지만 사실 나는 아슬아슬하게 줄타기를 하고 있었다. 다시 본업인 강의에 박차를 가해야 했고, 그 외에 유튜브 채널 세 개를 운영하고 있었다. 임신 중 미뤄두었던 봉택이의 사회화 훈련도 다시 시작했다. 하루하루가 정신없이 흘렀고, 집은 늘 정리해도 어지러웠다.

육아용품은 끝도 없이 늘어났고, 살림살이까지 점점 불어나 발 디딜 틈이 없어졌다. 아기 침대, 기저귀 박스, 젖병 소독기, 유축기… 우리의 아담한 한옥은 어느새 아기 물품으로 가득 찼다.

어수선한 집 안처럼 내 머리도 복잡했다. 가끔 왜 이렇게까지 일을 많이 벌여놨나 자책감도 들었다. 하지만 임신 당시엔 입덧만 끝나면 뭐든 할 수 있을 거라 믿었다. 출산만 하면 그동안 멈췄던 일들을 마음껏 해보리라 마음먹기도 했다.

하지만 현실은 달랐다. 출산으로 이미 체력이 바닥나 있었고, 세랑이가 기어다니기 시작하면서 엄마와 우리 부부는 누적된 피로에 허덕였다. 엄마는 어깨가, 톨벤은 발이, 나는 허리를 포함해 온몸이 쑤시기까지 했다. 코로나에도 걸려 그 이후 몸이 수시로 아팠던 것 같다.

그런데도 세랑이가 미소 짓고 귀여운 행동을 할 때면 우리 셋은 웃음이 터지고 말았다. 그 웃음 속에서 '이 행복을 지켜내고 싶다'는 간절한 바람이 움텄다. 동시에 이 삶이 지속 가능할까 하는 의문도 들었다.

밤늦게 편집을 마치고 젖병을 씻으며 문득 생각했다. 언제까지 이렇게 살아야 할까? 봉택이는 여전히 낯선 사람들 앞에서 불안해했고, 봉순이는 마당에서 제대로 달리지 못했다. 세랑이는 더 넓고 자유로운 공간에서 놀 권리가 있었다. 이 아이들을 더 늦기 전에 더 넓은 나라에서 자유로이 지내게 해주고 싶었다. 톨벤, 그의 연로하신 아버님, 그리고 어릴 적부터 '외국에서 살고 싶다'는 소망을 품어온 나를 위해서도 네덜란드의 전원생활은 우리 모두에게 꼭 맞는 해답처럼 느껴졌다.

더는 미룰 수 없었다. 결정해야 했다. 나는 예전부터 마흔 즈음엔 떠나야겠다고 마음먹었고, 늦은 시간 강의를 마치고 깜깜한 밤에 신천을 걸으며 그 다짐을 되뇌곤 했다. 언젠가는 갈 수 있을 거라 믿었고, 이제 그 언젠가는 바로 지금이었다.

사실 이 꿈은 톨벤을 처음 만났을 때부터 시작되었다. 자전거 타는 사람들, 넓은 초원과 운하, 정직하고 차분한 네덜란드 사람들… 그 모든 게 동화 속 세계처럼 느껴졌고, 나는 그의 이야기를 들으며 우리 가족이 그곳에 사는 모습을 상상하곤 했다.

다른 사람에게는 갑작스러워 보였겠지만 나에겐 오래된 바람이었고, 코로나도 끝나가고 있었다. 이제 행동만 남아 있었다.

우리는 본격적으로 집을 알아보기 시작했다. 전원생활에 대한 확신은 있었고, 마당 있는 집을 조건으로 암스테르담 외곽의 전원주택 분양 프로젝트에 지원했다. 하지만 높은 경

쟁률에 광속으로 탈락했다.

방향을 바꿔 온라인 부동산 사이트를 샅샅이 뒤졌다. 우리의 조건은 꽤 까다로웠다.

1. 세랑이 방이 있을 것(우리 다섯 식구에게 한옥은 좁았다)
2. 마당이 넓어 봉택이가 줄 없이 달릴 수 있을 것
3. 자연 속 산책 공간이 가까울 것
4. 초등학교가 가까울 것
5. 동네에 세랑이가 어울릴 만한 또래 아이들이 있을 것
6. 톨벤이 출퇴근할 수 있는 거리일 것(암스테르담/로테르담까지 한 시간 이내)

이 조건을 충족하는 집은 거의 없었다. 매일 부동산 사이트를 새로고침 하며 희망을 놓지 않았다.

그러던 중 톨벤조차 들어본 적 없는 낯선 동네에서 조건에 맞는 집을 하나 발견했다. 혹시 기회를 놓칠까 봐 우리는 재빨리 움직였다. 세랑이가 아직 어려 둘 중 한 명만 집을 보러 가기로 했고, 톨벤은 말했다. "너에게 여긴 외국이잖아. 네가 괜찮은지 직접 보는 게 좋을 거야." 나는 바로 비행기표를 샀다.

네덜란드로 떠난 2박 3일 일정은 내게 인생의 갈림길 같

은 시간이었다. 기차를 타고 집을 보러 가며 창밖 풍경을 바라보았다. 끝없이 펼쳐진 평야와 농가, 그 안에서 여유롭게 풀을 뜯는 양들. '여기서 산다면 얼마나 좋을까….'

아버님과 톨벤의 절친과 함께 도착한 집은 사진과 정말 똑같았다. 아니, 더 깨끗했다. 1970년대에 지어진 집으로, 두 번째 주인이 90년대에 리모델링한 상태를 그대로 유지하고 있었고, 그 감성이 내 취향을 완전히 저격했다. 빈티지 감성, 넓은 거실, 봉택이와 봉순이의 마당, 나만의 서재, 그리고 뒤쪽으로 이어지는 드넓은 자연 산책로까지.

더는 고민할 이유가 없었다. 돌아오자마자 우리는 집 계약을 마쳤다. 이후는 바쁜 나날의 연속이었다. 국제 이사 준비, 짐 정리, 봉순이와 봉택이의 이민 서류, 세랑이 여권, 통관 절차까지 생각보다 할 일이 산더미처럼 많았다. 강아지들의 건강증명서부터 백신 접종 기록, 세랑이의 각종 예방 접종 기록, 우리 부부의 각종 증명 서류도 준비해야 했다.

쓸모없는 물건은 끝없이 나왔고, 네덜란드에 없을 것 같은 물건은 쓸모와 상관없이 쓸어담았다. 중고 거래 앱에선 거의 전쟁이었다. 메시지, 픽업, 조율까지… 내 적성엔 정말 안 맞았다. 다시는 물건을 이렇게 사들이지 않으리라 다짐했지만 아직도 잘 지키진 못하고 있다.

마지막 몇 주는 정말 숨 가쁘게 지나갔다. 이삿짐 상자가

집 안을 가득 메웠고, 봉순이와 봉택이는 낯선 분위기를 감지하고 불안해했다. 세랑이는 아직 뭔가 큰 변화가 일어나고 있다는 건 모른 채 어른들의 바쁜 기운을 느끼고 있는 듯했다.

이모들과 엄마가 인천공항까지 우리를 배웅해줬다. 엄마는 끝까지 걱정스러운 눈으로 나를 바라보셨고, 나는 그 눈빛을 가슴에 품고 출국장으로 걸어갔다. 완전히 다른 곳, 타국에서 산다는 두려움이 없었던 건 아니었다. 하지만 그보다 크게 나를 이끈 건 오래 품어온 로망이었다.

2023년 4월. 긴 비행 끝에 드디어 네덜란드에 도착했다. 아버님과 톨벤의 동생이 마중 나와주셨고, 우리는 다 함께 밴에 올라 새로운 보금자리로 향했다. 창밖 풍경이 오랜 꿈처럼 펼쳐졌다. 끝없이 이어진 초록 들판, 그 위에서 느릿하게 풀을 뜯는 소들. 우리 가족의 새로운 삶이 그렇게 시작되었다.

## 김치찌개가 이어준
## 새로운 세계, 새로운 관계

　네덜란드 시골의 작은 마을. 몇 달 만에 다시 도착한 우리 집 문을 열자마자 눈에 들어온 건 창가에 가지런히 놓인 오래된 빈티지 인형들이었다. '누가 저걸 정리했지?' 싶었던 찰나, 옆에 놓인 카드 한 장이 눈에 들어왔다. 익숙하면서도 조금은 낯선 글씨체로 하얀 봉투 위에 적힌 단어 하나.

　'가족'

　아버님이 한국어 수업을 들으며 쓰신 거라고 했다. 우리가 오기 일주일 전에 청소 도우미분과 함께 들러 집을 깨끗이 정리하고, 세랑이를 위한 인형과 장난감도 미리 갖다 놓으셨단다. 그 정성에 순간 말없이 코끝이 찡해졌다.

　그때 확실히 느꼈다. 이곳은 단순히 '이사 온 곳'이 아니

라, 진짜로 우리가 '정착할 새로운 집'이겠구나. 그리고 이곳에서 이전과는 또 다른 가족의 세계에 연결되어가겠구나.

사실 집 계약이 완료된 뒤, 톨벤이 혼자 먼저 네덜란드를 다녀왔다. 아버님, 친척 아저씨, 그리고 친구 요스트와 함께 강아지들을 위한 마당에 울타리를 세우고, 세랑이가 바로 적응할 수 있게 방을 꾸미기 위해서였다. 목수 일을 할 줄 아는 요스트는 바쁜 와중에도 시간을 내어 자잘한 부분까지 도와줬단다.

그 이야기를 들으며 톨벤이 이곳에서 정말 사랑받는 사람이구나 싶었다. 한국에서는 친구가 많지 않아 종종 외로워 보였기에 이곳에서 활짝 웃는 그의 모습을 상상하니 나도 모르게 마음 한편이 따뜻해졌다.

문제는 나였다. 내가 이곳에서 어떻게 자리 잡아갈지는 나 자신도 의문이었다. 네덜란드어는 발음이 많이 어려웠고, 마트에서 직원에게 네덜란드어로 물어볼 용기가 나지 않아 영어로 대신하고 넘어가는 식이었다. 이방인으로서의 어색함이 생각보다 컸다. 그럴 때마다 내 마음을 달래준 건 의외로 부엌에서 나는 익숙한 냄새였다.

처음엔 단순히 얼큰한 음식이 그리웠다. 처음 몇 달은 라면으로 그 마음을 달래봤지만 그것도 오래가진 못했다. 회색 구름이 가득한 하늘 아래, 비가 자주 오고 바람이 스산하게 불면 아침부터 유난히 김치찌개가 간절했다. 쌀밥 위에 반쯤 익은 김치를 얹고 뜨끈한 국물 한 숟갈이면 속이 풀릴 것 같았다. 한국에서라면 동네 식당에 가서 "김치찌개 하나요" 하면 될 일이지만 이곳에서는 꿈같은 이야기다.

사실 나는 한식 요리는 많이 해보지 않았다. 파스타 같은 건 그래도 뚝딱하고 만들어냈지만 나물 반찬은커녕 된장찌개도 끓여본 적 있었나 싶다. 대신 근처에 사시는 엄마 댁에서 늘 한식을 얻어먹었다. 요리를 잘하는 엄마는 톨벤의 네덜란드 친구들이 한국에 왔을 때도 정성스럽게 한국식 집밥을 차려주셨다. 불고기, 잡채, 해물파전… 이 세 가지는 우리가 꼽은, 외국인이 가장 좋아할 법한(?) 음식 세 가지였다. 친구들은 그 맛을 지금도 기억하며 "한국에서 먹었던 그 음식 맛이 생각나"라고 이야기하곤 했다.

그런데 네덜란드 시골에 와서는 상황이 달라졌다. 한국 음식을 파는 식당은 차로 한 시간 거리에 있었고, 배달 음식이라곤 딱 두 가지 옵션만 있었다. 피자와 케밥. 어쩔 수 없이 블로그를 보고, 유튜브를 보고, 재료가 없으면 네덜란드 마트에서 구할 수 있는 것으로 적당히 대체하고, 맛이 안 나면 조미료를 넣어보면서… 매일매일 실험처럼 요리를 하게 되었다.

첫 김치찌개는 실패였다. 김치가 너무 시어서 설탕을 넣었다가 더 이상해졌고, 돼지고기는 질기고, 국물은 밍밍했다. 그래도 포기하지 않고 계속하다 보니 "어? 이 맛이야!" 하는 순간이 찾아왔다. 그럴 땐 톨벤에게 "한국에서 먹던 거랑 똑같지? 나 천재지?"하며 호들갑 떨기도 했다.

그해 여름 톨벤의 마흔 번째 생일이 있기도 해서 우리는 겸사겸사 '컴백 파티'를 열었다. 한국 결혼식 때 비행기 타고 와줬던 톨벤의 네덜란드 친구들, 그때 못 온 친구들, 동네 이웃들까지 초대했다. 네덜란드에서 한국 셰프를 찾아 집에서 제대로 한식을 준비했다.

불고기, 제육볶음, 잡채, 양념치킨, 김치에 나물 반찬까지… 부엌을 넘어 마당까지 퍼지는 냄새에 손님들은 감탄했다. 고춧가루를 묻힌 채 서로 눈 맞추며 웃던 얼굴들. "네덜란드에서 이런 걸?" 하는 말에 나도 괜히 뿌듯해졌다.

그날 이후로 우리 집은 '한식 맛집'이 됐다. 톨벤 친구들이 삼삼오오 모여들었고, 식탁은 늘 새로운 이야기가 오가는 장소가 되었다. 언어는 부족했지만 음식은 언어보다 먼저 마음을 전했다. 톨벤의 고등학교 친구 마이클은 톨벤을 통해 김치를 처음 맛본 뒤 푹 빠졌다. 지금은 우리 집에 올 때마다 김치 한 통을 챙겨 가며 "이거 나중에 만드는 법 좀 알려줘"라고 한다. 밥도 없이 샐러드처럼 김치를 먹는다며 웃는 그를 보며 나도 줄 수 있는 게 있다는 사실이 반가웠다. 요스트

는 우리 마당의 야외 테이블 중앙에 불판을 넣을 수 있게 직접 구멍을 뚫어주고는 "이제 진짜 코리안 바비큐 할 수 있겠다!"라며 활짝 웃었다. 그런데 사실 그는 채식주의자다. 미안하면서도 감사한 마음이다.

이제는 아버님도 우리 집에 자주 오시고, 내가 만든 낯선 음식을 거리낌 없이 드신다. 평생 비슷한 음식만 드시던 분이 묵묵히 접시를 깨끗이 비우는 모습에 나는 자꾸 눈길이 갔다. 맛이 어떻다고 자세히 말씀하시진 않아도 그릇에서 전해지는 마음, 그게 좋았다.

돌이켜보면 음식으로 관계를 만든 건 이때가 처음은 아니다. 미국 유학 시절, 한번은 기숙사 친구들에게 김밥을 만들어줬다. 한인 마트에서 김, 단무지, 햄만 사와서 달걀로 지단을 부쳤다. 재료는 단출했지만 함께 음식을 만들며 웃고, 그 일을 계기로 사이가 가까워졌다. 결국 중요한 건 요리의 완성도보다는 그걸 함께 나누는 마음이라는 걸 그때 알게 된 것 같다.

지금도 누군가 집에 온다고 하면 냉장고 문부터 연다. 오늘은 잡채를 할까, 갈비찜을 할까, 반찬 구성을 머릿속으로 돌리면서 혼자 신나 한다. 이제 잡채는 당면 삶는 타이밍이 중요하고, 고기는 하루 전 양념해야 제맛이라는 것도 안다. 전은 밀가루 반죽이 너무 되직하면 안 되는 것도 알고, 압력

밥솥으로 갈비를 부드럽게 만드는 법도 터득했다.
 어쩌면 네덜란드 사람들 눈에는 이 모든 게 조금 과해 보일지도 모른다. 하지만 나에게는 이것이 말로 다하지 못한 마음을 건네는 방법이다. '앞으로 잘 지내요'라는 내 방식의 인사.
 여전히 나는 아버님이 남긴 '가족' 카드 한 장을 간직하고 있다. 서툴지만 정성 가득한 그 글씨에서 이 모든 연결이 시작됐다고 믿는다. 그 두 글자는 낯선 땅에 도착한 나와 세랑이 그리고 강아지들까지 보듬어주겠다는 따뜻한 약속처럼 느껴졌다.
 그리고 이제는 나도 부엌에서 그 마음을 흉내 낸다. 내 방식대로. 누군가를 먹이는 일이 아니라 이 낯선 땅에서 나라는 사람의 자리를 찾아가는 과정으로서. 그래서 요즘은 요리하면 기분이 좋아진다. 좀 더 나다워지는 느낌이 드니까.

## 어른이 된다는 건,
## 부모가 된다는 건

세랑이가 "엄마, 사랑해"라고 처음 말한 날, 나는 컴퓨터 앞에서 유튜브 영상을 편집하고 있었다. "응, 엄마도 사랑해." 이렇게 대답하면서 눈은 모니터에서 떼지 못했다. 지금 생각해보면 그 순간 모든 걸 멈추고 세랑이를 안아줬어야 했다. 하지만 그러지 못했다. 그땐 그 말이 얼마나 소중한지도 몰랐다.

네덜란드에 도착하던 날, 우리는 새로운 시작에 대한 설렘으로 가득했다. 조용한 시골 마을, 넓은 마당, 창 너머로 보이는 초록 들판. 말 그대로 '꿈꾸던 풍경'이었다. 이곳에서라면 훨씬 더 여유롭고 충만하게 살 수 있을 거라고 믿었다. 하지만 그 아름다운 풍경 안에서 시작된 첫 1년은, 예상보다 훨씬 고된 여정이었다. 인스타그램에서 보던 '해외 육아'의 로맨틱한 이미지와는 전혀 달랐다.

가족의 적응을 돕기 위해 톨벤은 1년간 일을 쉬기로 했고, 우리는 본격적으로 '함께하는 육아'를 시작했다. 그런데 그건 말처럼 아름답고 평화로운 일이 아니었다. 집과 마당이 넓다는 건 그만큼 치울 곳이 많다는 뜻이었다. 어린아이가 자라는 곳이다 보니 늘 어질러져 있었다. 출근하던 시절엔 그냥 문을 닫고 나가버리면 그만이었지만 이제는 온종일 그 어지러움을 보고 또 치우고, 다시 어질러지는 일이 반복되었다.

세랑이는 일명 '미운 세 살'에 들어섰다. 순하기만 했던 아이가 어느 순간 극강의 귀여움과 동시에 떼 쓰기의 달인이 되어 있었다. 여전히 밝고 사랑스러웠지만 그 밝음이 우리를 쉴 틈 없이 몰아붙이기도 했다. 낮에는 한시도 가만있지 않았고, 밤에는 혼자 못 자겠다고 울며 깨기를 반복했다. 내게는 혼자만의 시간이 절실했다. 커피 한잔 마시며 멍하니 창밖을 바라보는 시간, 아무도 나를 부르지 않는 그 조용한 몇 시간이. 하지만 그건 매일같이 실패로 끝나는 바람과 같았다.

한국에서 세랑이는 매일 어린이집에 갔다. 그 시간 동안 나와 톨벤은 일에 집중할 수 있었고, 세랑이도 또래 친구들과 어울리며 사회성을 길렀다. 하지만 네덜란드에서는 어린이집을 주 2~3회 정도만 보낼 수 있었다. 게다가 한국에서

처럼 엄마께 도움받을 수 있는 상황도 아니었다. 아버님은 연로해 세랑이를 돌보시기에는 무리였다. 급할 때 한 시간이라도 아이를 맡길 곳이 없었다. 지금 생각해보면 왜 베이비시터를 알아볼 생각도 못 했을까. 어쩌면 그땐 톨벤과 둘이서 모두 감당할 수 있을 거라 믿었는지도 모른다.

겨우 집중하려 책상 앞에 앉으면 세랑이가 문을 벌컥 열고 들어와 책상 위에 모든 물건을 올려놓았다. 펜, 노트, 충전기, 심지어 중요한 서류까지. 서재는 어느새 전쟁터가 되어 있었다. 한번은 마당에서 물놀이하던 중에 내 카메라를 물에 넣어 고장 내고 말았다. 정말 찰나의 순간이었다. 그날은 정말 속이 부글부글 끓었다.

사람들은 내가 유튜브 채널 운영과 온라인 강의를 한다고 하면 "집에서 하는 일이니까 편하겠네"라고 말한다. 하지만 현실은 다르다. 15분짜리 영상을 한 편 편집하는 데 스무 시간 이상 든다. 3~4초마다 자막을 달아야 하니 1분 영상 길이에 단순 편집 시간만 한 시간 넘게 걸리고, 거기에 효과음, 배경음악, 썸네일, 제목까지 정해야 하는 데다 표현 하나에도 고민을 거듭한다. '이 표현이 너무 오글거리나?' '너무 밋밋한가?' 하고 고민하다 보면 때로는 영상이 재미없어져 업로드를 망설이게 되기도 한다. 게다가 세랑이나 톨벤이 불러서 다녀오면 흐름이 다 깨진다. 다시 집중하는 데만 또 한참이 걸린다.

당시 나를 더 힘들게 했던 건 매주 영상을 올려야 한다는 중압감이었다. "이번 주 영상 언제 올라와요?" "기다리고 있어요"라는 댓글들을 보면 고마우면서도 업로드 기한을 못 맞추게 될 때면 너무나 큰 자괴감이 들었다. 점점 기한을 놓치는 일이 잦아지면서 '이것 하나 못하는 사람이었나…' 하고 생각하기도 했다. 강사 시절에는 시간을 칼같이 지키고 강의 펑크란 생각도 못 했던 나인데.

톨벤도 똑같이 지쳐 있었다. 그는 여전히 세랑이에겐 최고로 다정했고, 집 이곳저곳을 손보고 요리도 하며 최선을 다하는 아빠였다. 하지만 그도 "차라리 회사 가서 일하는 게 훨씬 쉽겠어"라고 말하며 얼굴에 피곤이 가득했다. 그렇게 지내다 보니 곧 나아질 거라 여겼던 그의 발 통증도 좋아지지 않았다. 나는 나대로 매트리스가 몸에 맞지 않아 매일 요통에 시달리며 매트리스를 세 번이나 바꿔야 했다. 결혼 생활 내내 한 번도 싸운 적 없었던 우리는 점점 말수가 줄었다. 대화도 "세랑이 기저귀 갈아줘" "오늘 뭐 먹을까"처럼 필수적인 말만 주고받았다.

결국 나는 면역력도 떨어졌는지 겨우내 여러 번 아팠다. 감기와 장염으로 고생하다 일주일간 침대 밖으로 나오기 힘들었던 적도 있었다. 그 일주일 동안 톨벤 혼자 세랑이는 물론 강아지들까지 돌봐야 했다. 침대에 누워 '내가 이렇게 무기력한 사람이었나…' 하는 생각만 들었다.

마침내 몸과 마음을 추스르고 방에서 나와 보니 세랑이는 어느새 훌쩍 자라 있었다. 하루가 다르게 새로운 말을 하고, 새로운 것들을 배워나갔다. 하지만 동시에 한국말은 점점 어눌해지고 있었다. 한국어 어휘가 현저히 줄어들었고, 나와 대화할 때도 영어와 네덜란드어가 섞여서 나오기 시작했다.

모든 게 내 탓 같았다. 육아도, 일도, 집안일도 어느 것 하나 제대로 못하는 사람이 된 것 같았다. 지금 돌이켜보면 가장 속 쓰린 건 그 시간 동안 세랑이의 가장 귀엽고 애교 많던 시절을 온전히 안아주지 못했다는 사실이다.

네덜란드에 오면 모든 걸 잘해낼 수 있을 거라 생각했다. 육아도, 일도, 가정도, 내 삶도. 그런데 결국 무엇도 완벽하지 못한 채 시간만 흘려보내고 말았다. 지나고 나서야 깨달았다. 부모가 된다는 건 완벽해지는 게 아니라 불완전함을 받아들이는 일이라는 걸. 모든 걸 다 잘할 수 없다는 사실을 인정하는 일이라는 걸.

그리고 내가 완벽한 엄마가 되지 못했다고 해서 세랑이가 불행한 건 아니라는 사실도. 세랑이는 매일매일 새로운 모습으로 나를 놀라게 했고, 웃게 했다. 내 불완전함 따위는 아랑곳하지 않고 건강하게 자라고 있었다.

완벽한 엄마가 되려던 나는 실패했다. 웃긴 점은 세랑이는 완벽한 엄마를 원한 적이 없었다는 것이다. 세랑이가 바랐던 건 그저 아빠와 함께 셋이서 '같이 노는 엄마', 그것만으로 충분했던 것 같다. 매일 모든 것을 잃어가는 듯했던 시간 속에서도, 우리는 서로를 잃지 않았다.

## 시칠리아 여행에서 생긴 일

어느덧 계절이 한 바퀴를 돌아 새로운 봄이 찾아왔다. 톨벤은 휴식이라기보다는 어쩐지 얄궂기만 했던 1년을 뒤로하고 일터로 돌아가게 되었다. 구직은 생각보다 순조롭게 진행되었고, 다행히도 전에 일했던 분야에서 딱 맞는 회사를 찾게 되었다.

회사는 로테르담에 있었고, 운전해서 한 시간 거리였다. 주 3일은 출근하고, 2일은 재택근무 하는 방식이었다. 출근 날짜가 2주 앞으로 다가왔을 즈음, 엄마께서 우리를 보러 겸 사겸사 네덜란드에 오셨다.

톨벤은 다 같이 여행을 떠나자고 제안했고, 이탈리아 시칠리아로 우리를 안내했다. 이탈리아는 가본 적 있었지만 시칠리아는 처음이었다. 영화나 책에서만 보던 곳이라 설레었다. 강아지들은 아버님께서 우리 집에 머물며 돌봐주시기로 했다.

여행 전날 밤, 정신없이 짐을 쌌다. 아버님께 봉택이 산책 시 주의 사항을 꼭 알려드려야겠다고 생각했지만 밀린 설거지며 어질러진 집을 정리하느라 여력이 없어 나 대신 톨벤이 전해드리기로 했다.

봉택이는 바람이 많이 불거나, 낯선 사람이나 자전거, 자동차가 지나가면 갑자기 리드줄을 강하게 당기는 버릇이 있다. 그래서 나는 산책할 때 항상 리드줄을 손에 한 번 감아 안전하게 잡고 줄 끝은 가방에 묶는다. 이런 세세한 주의사항들을 꼭 전달하고 싶었지만 톨벤이 워낙 꼼꼼하니 잘 했겠지 싶었다.

휴가 동안 봉택이 산책은 그냥 생략하자고 톨벤에게 말해보기도 했다. 아버님께 무리가 될 수도 있고, 봉택이를 마당에만 풀어줘도 되지 않을까 싶었다. 이 이야기를 다시 꺼낼까 했지만 결국 정리하지 못하고 우리는 출발해버렸다. 그렇게 점검할 것들을 흐지부지한 채로 여행이 시작되었다.

세랑이, 엄마, 톨벤 그리고 나까지 넷이 함께 떠나는 첫 번째 해외여행. 그것도 이탈리아라니. 도착하자마자 톨벤이 고른 첫 숙소는 화려한 색감이 가득한 곳이었고, 우리는 환호

했다. 어느덧 부쩍 자란 세랑이는 스스로 샌들을 신고, 마트에 가서는 먹고 싶은 빵을 여유롭게 골랐다. 어엿한 소녀처럼 보였다. 반면 엄마와 나는 낯선 나라의 과일들을 보며 뭐가 맛있을까 하고 깔깔 웃었다. 마치 어린아이가 된 것처럼.

마트를 나서자마자 우리는 참지 못하고 주차장에서 즉석 샌드위치를 만들어 먹었다. 잘 익은 방울토마토와 햄을 빵 사이에 넣어 한 입 베어 물었다. 사실 그렇게 맛있지는 않았지만 상황 자체로 아주 달콤했다. 영화 속 장면처럼 낭만적이랄까.

배를 채운 뒤 우리는 시내로 향했다. 활기찬 소녀들이 떠들고 웃으며 길을 걷고 있었다. 세랑이를 보고 귀엽다고 "어우, 어우" 하며 온몸으로 반응하는 그들의 모습에 새삼 네덜란드와는 다른 분위기를 느꼈다. 그런 '흥'이 좋았다.

시칠리아 특유의 버터 색 건물 위로 따뜻한 햇살이 비쳐 온 세상이 노랬다. 오른쪽에서 불어오는 바다 냄새와 왼쪽 레스토랑과 바에 앉은 사람들 웃음소리가 섞였다. 그리고 그 사이를 세랑이가 춤추며 걸어갔다. 정말이지 "아름답다"는 말이 절로 나왔다.

저녁엔 해산물 식당에서 이것저것 시켜 먹었다. 솔직히 맛은 기대에 못 미쳤다. 한국의 정교한 요리들에 비하며 짜고, 튀김도 성의 없어 보였고, 해산물은 살짝 비렸다. 하지만 알고 있었다. 여행이 끝나면 이 투박한 맛들이 미슐랭 별을 받은 코스 요리보다 그리워질 거라는 걸.

두 번째 숙소는 도심 속에 자리한 오래된 벽돌 건물 2층 로프트였다. 첫 숙소가 영화 〈그레이트 뷰티〉 속 로마처럼 컬러풀하고 화려했다면 이번 숙소는 미니멀한 동굴 같았다. 낮은 채광과 차분한 베이지 톤, 드문드문 스며드는 햇빛이 세상과 단절된 조용한 쉼터처럼 느껴졌다.

우리는 도시 골목을 걸었고, 중간중간 만나는 작은 광장에서 세랑이와 놀았다. 남편은 세랑이와 시소를 탔고, 이탈리아 할아버지가 다가와 그 시소를 밀어주었다. 나는 파라솔 밑에서 에스프레소를 마시며 그 장면을 바라봤다. 시칠리아는 모든 장면이 영화가 되는 곳 같았다.

이후엔 와인 제조 공장에 들렀다. 역시나 로컬 식자재에 유독 관심 많은 톨벤이 준비한 서프라이즈였다. 견학 전 먼저 테이블에 앉아 그곳에서 생산되는 각종 와인들을 시음할 수 있었다. 여러 가지 와인을 맛보는 엄마 얼굴엔 미소가 가득했다. 나는 와인보다 어느새 내 무릎에 올라온 고양이에게 눈길이 갔다. 옆 테이블엔 독일 가족으로 보이는 이들이 큰 강아지를 데리고 있었다. 주차장에 캠핑카를 세워둔 걸 보니 그걸 타고 여기까지 온 듯했다. 순간 봉순이와 봉택이가 떠올랐다.

동물을 키우는 사람에게 여행은 늘 고민이다. 여행을 좋아하는 이들은 동물도 좋아하는 경우가 많지만 둘을 모두 얻기는 정말 쉽지 않다. 한국에서 봉순이를 입양한 뒤 첫 해외여행을 준비하며 반려견 호텔 여러 곳에 문의했지만 진돗개라는 이유로 대부분 거절당했다. 그나마 가능하다는 곳을 방문해보니 많은 강아지가 스트레스로 짖어대고 있었고, 관리 상태도 솔직히 믿음이 가지 않았다. 결국 그때부터 멀리 여행을 떠날 땐 강아지를 맡아줄 가족이나 친구를 찾는 방식으로 자연스럽게 정착해왔다.

그날 저녁, 우리는 숙소로 돌아와 각자 자리에 앉아 있었다. 엄마와 세랑이는 식탁에서 도란도란 이야기를 나눴고, 톨벤은 거실 소파에 앉아 노트북으로 뭔가를 검색했다. 7시쯤이었을까. 갑자기 톨벤의 휴대전화가 울렸다. 전화를 받는 그의 얼굴이 금세 굳었다.

그리고 이내 낮은 목소리로 말했다.

"아버지가 봉택이를 잃어버리셨어."

순간 농담인 줄 알았다. 하지만 톨벤의 표정은 단호했고, 세랑이는 곁에서 울음을 터뜨렸다.

톨벤은 침착하게 전화로 들은 상황을 설명해주었다. 아버님께서 봉택이를 데리고 산책하던 중 잔디 속 구덩이에 발을 헛디뎌 넘어지셨고, 그 순간 놀란 봉택이가 갑자기 도망쳤다. 바지 고리에 걸려 있던 리드줄은 고리째 찢어지며 함께 빠지고 말았고, 아버님은 지금 동네 사람들과 드넓은 들판을 수색하고 있다고 했다.

아차 싶었다. 여행 전 아버님께 가방에 리드줄을 묶으시라고 말씀드리려다 '뭐 그렇게까지' 하며 넘긴 순간이 떠올랐다. 그때 그 망설임 하나로 지금 그 넓은 들판 어딘가에서 혼자 있을 봉택이를 생각하니 마음이 덜컥 내려앉았다.

봉택이는 지금 어디 있을까…?

여행이 5일 남아 있었지만 우리는 바로 가장 빠른 항공편을 검색했다. 다음 날 아침 9시 비행기가 있었다. 엄마께 미안하다고 하자 엄마는 단호하게 말씀하셨다. "당연히 가서 찾아야지, 내 생각은 하지 마."

그렇게 우리의 시칠리아 여행은 예고 없이 끝나버렸다.

## 마침내 봉택이를 찾다

암스테르담에 도착한 우리는 곧바로 렌터카를 타고 집으로 향했다. 에인트호번에서 출발해서 그곳에 우리 차가 있었지만 가장 빠른 항공편이 암스테르담행이라 이쪽으로 오게 되었다. 한두 시간 차이였지만 그 한두 시간이 너무나 절실했다.

소식을 들은 친구 타이스가 아버님과 함께 들판을 수색하고 있었다. 우리는 공항에 도착하자마자 들판으로 향했다. 드론도 띄워보았지만 6월의 들판은 풀이 무성해 몸높이가 낮은 봉택이를 찾기엔 역부족이었다.

솔직히 나는 봉택이를 금방 찾을 수 있을 거라고 생각했다. 톨벤이 아픈 발을 좀 쉬게 하도록 네덜란드에 온 뒤론 내가 매일 봉순이와 봉택이를 산책시켰다. 그 시간 속에서 나는 봉택이에게서 점점 안정감을 느꼈다. 산책이 끝날 무렵이면 봉택이는 마치 '엄마, 믿어'라고 말하듯 자주 뒤를 돌아보며 나와 눈을 맞추던 아이었다. 그렇게 나와 봉택이 사이에 조용한 교감 같은 것이 생겼다. 가끔은 줄을 풀어줘도 나에게 다시 돌아올 것 같다는 생각이 들 정도였다. 물론 실제로 그런 적은 한 번도 없고, 앞으로도 그럴 수는 없겠지만.

그날 우리는 봉택이를 찾지 못했다. 봉택이는 분명 집으로 돌아오는 길을 알 것이다. 그 아이는 보기보다 훨씬 총명했다. 8차선 대로도 사람들을 잘 따라 건넜고, 한옥 지붕에 올라가 내려올 곳이 마땅치 않자 우리 집 잔디 마당으로 무사히 돌아왔던 아이다. 그런데도 그날 밤 돌아오지 않았다.

다음 날 새벽, 나는 번쩍 눈을 떠 장화를 신고 들판으로 나갔다. "봉택아… 택아…" 하고 부르면 어디선가 아무 일도 없었다는 듯 동그란 눈을 하고 깡총깡총 달려올 것 같았다. 하지만 그날도 허탕이었다. 한때는 천국처럼 느껴졌던 이 끝없는 들판이 원망스럽기 시작했다.

톨벤은 마음을 단단히 먹으라고 했다. 어쩌면 봉택이를 다시는 볼 수 없을지도 모른다고. 나는 2층 침실로 들어가 불을 끄고 이불을 뒤집어쓴 채 엉엉 소리 내어 울었다. 모든 게 다 내 잘못처럼 느껴졌다. 아버님께 산책 시 주의할 점을 미리 말씀드리지 못한 것도, 톨벤이 우리를 위해 이탈리아 여행을 계획한 것도. 다 나를 생각해서 애쓴 일들이었는데 결국 이렇게 되고 말았다. 주변을 제대로 챙기지 못한 내가 모두를 괴롭히게 된 것 같았다. 우리의 소중한 봉택이까지 잃어버리고. 그 아이를 네덜란드로 데려오겠다고, 더 나은 환경에서 키우겠다고 했던 것도, 어쩌면 내 욕심이었을지 모른다는 생각까지 들었다.

  울다 잠들었는데도 다음 날 새벽 또 눈이 저절로 떠졌다. 다시 들판으로 나갔다. 그곳은 사람도 강아지도 드문 한적한 곳이다. 지나가는 사람마다 봉택이 사진을 보여주며 간절히 부탁했다. 그들은 이미 소식을 들었고, 자신들의 강아지와 함께 봉택이를 찾아보겠다고 했다.

  톨벤과 아버님은 각자의 방식으로 봉택이를 수색했다. 다행히 엄마가 와 있어 세랑이를 돌봐주실 수 있었다. 세랑이도 봉택이를 찾겠다며 할머니 손을 잡고 이곳저곳을 걸어 다녔다고 한다.

  그날 오후, 아버님은 피 묻은 옷을 입고 돌아오셨다. 들판의 가시덤불을 맨손으로 헤집고 들어가셨던 거다. 아마도 내가 우는 소리를 들으셨던 것 같다. 샤워하고 다시 나가겠다는 아버님께, 가시덤불은 위험하다고 말렸더니 "내가 뭘 하는지 알아. 나 그렇게 늙지 않았어"라고 하셨다. 너무 죄송하고 마음이 아팠다.

다행히 톨벤이 말려 아버님을 세랑이와 함께 계시게 했다. 문득 예전에 본 고양이 탐정 영상이 떠올라 톨벤에게 혹시 네덜란드에도 반려동물을 찾는 전문가가 있는지 물어보았다. 톨벤이 바로 검색해보니 실제로 그런 봉사단체가 존재했다. 그곳에 전화하자 가장 가까운 곳에 사는 두 분이 그날 저녁 우리 집으로 와주셨다.

그분들은 중년 여성으로, 본업 외에 자원봉사를 하고 있다고 했다. 그들은 봉택이 체취가 묻은 방석 조각을 오려 함께 온 탐지견에게 냄새를 맡게 한 다음 수색에 나섰다. 하지만 내가 전날 봉순이와 함께 수색에 나갔던 것이 문제가 될 수 있다고 했다. 봉순이와 봉택이는 같은 집에서 살고 방석도 공유하므로 체취가 혼동될 수 있다는 것이었다. 결국 성과 없이 하루가 저물었고, 봉사자분들은 다음 날 다시 오시기로 했다.

두 분 중 비앙카라는 자원봉사자는 특히 정말 정성껏 우리를 도와주셨다. 패닉 상태였던 우리에게 해야 할 일을 조목조목 알려주셨다. 망원경부터 CCTV, 전단지를 붙일 코팅지와 테이프까지 들어 있는 그녀의 가방은 감탄스러웠다. 비앙카는 찾을 수 있다는 믿음을 절대 잃으면 안 된다고 강조했다. 그리고 전단지가 정말 중요하니 수백 장을 붙여야 한다고 했다. 우리는 그녀의 조언대로 들판 수색과 동시에 전단지를 붙이기 시작했다. 이웃 마을까지 붙이러 다녔고, 비앙카도 함께해주었다.

그러자 마을 초등학생들에게도 전화가 왔다. 아직 찾았는지 물으며 자신들도 찾아보고 있다고 했다. 비앙카는 다른 탐지견도 데려와 수색을 이어갔다. 하지만 여전히 성과는 없었다.

닷새째 되던 날, 들판은 점점 물에 잠기기 시작했다. 들판 바로 옆에는 큰 강이 있는데, 우리 지역엔 비가 내리지 않았지만 인근 수위가 올랐거나 멀리서 물이 흘러와서였을 것이다. 우리 둘은 초조한 마음으로 물이 발목까지 찬 들판을 헤매고 있었다. 그날도 소득 없이 오전 수색을 마치고 전단지를 붙이러 가려던 참이었다. 차에 타자마자 전화가 한 통 걸려왔다. 전화를 받은 톨벤이 네덜란드어로 흥분해서 통화를 이어가더니 나와 눈이 마주쳤다. 나는 직감했다. 봉택이었다.

톨벤은 이웃이 봉택이로 추정되는 강아지를 발견했고, 위치를 알려주었다고 했다. 아직 생사 여부도 확실하지 않으니 너무 기대하지 말라고 톨벤은 말했다. 그런데 봉택이가 발견된 장소는 뜻밖에도 우리 집 바로 뒤 산책로였다.

차에서 내리자마자 달려갔다. 이웃은 한 손엔 그녀의 골든리트리버 리드줄, 다른 손엔 파란색 리드줄을 쥐고 있었다. 그 줄 끝엔 봉택이가 있었다.

봉택이는 멋쩍은 듯 헥헥거리며 웃고 있었다. 우리는 봉택이를 꼭 끌어안고 펑펑 울었다. 이웃 분이 말했다. 그녀의 강아지가 냄새를 맡고 산책길 옆 수풀 속으로 들어가더니 돌아오지 않아 따라가보니 파란 리드줄이 보였다고. 전단지에서 본 내용이 떠올라 그 줄을 잡아보았고, 조심스럽게 "코말(이리 와)"이라고 말하며 당기자 봉택이가 아무 저항 없이 따라 나왔다고 했다. 그리고 걷기 시작하자마자 응가를 했단다. 아마도 우리와 산책하며 익힌 습관 덕분이겠지.

그렇게 봉택이의 '휴가'는 막을 내렸다.

집으로 돌아온 봉택이는 신나 보였다. 우리를 보며 반가운 기색을 보였고, 꼬리를 세우고 거실을 활발히 돌아다니며 물과 음식을 허겁지겁 먹어댔다. 살도 빠지지 않았고 오히려 통통해진 듯했다. 톨벤은 농담 반 진담 반으로 "쥐라도 잡아 먹은 거야?"라고 말했다.

그날 나는 온종일 구름 위를 걷는 기분이었다. 더 이상 바랄 것도 없었다. 그리고 그보다 행복할 수도 없었다. 딱 이만큼만 행복했으면 좋겠다고 생각했다.

내가 진정으로 바라는 행복은 결국 우리 가족이었다. 봉순이를 데려오고, 갑작스레 봉택이와 세랑이를 맞이한 뒤로 정신없어진 나는 혼자만의 시간이 필요하다며 틈만 나면 어

디론가 가려고 했다. 하지만 시간이 지날수록 깨달았다. 나에게 정말 소중한 건 가족 구성원 하나하나였다.

봉택이가 없는 집은 정말 썰렁했다. 봉택이는 그저 조용히 거실을 지키는 존재감 없는 강아지가 아니었다. 우리 집의 균형을 이루는, 꼭 필요한 퍼즐 조각 같은 아이였다. 다시 '봉쓰리' 완전체를 마주할 수 있다는 사실이, 그저 감사할 뿐이다.

그리고 아무런 대가도 없이 도와준 비앙카와 이웃 사람들에게 깊이 감동했다. 꿈처럼 생각했던 네덜란드가 막상 낯설고 거리감 있게 느껴졌던 이유는 아마도 내가 사람들과 마음을 나누지 못했기 때문일 것이다. 하지만 이번 일을 통해 나는 진심으로 이 나라와 사람들을 사랑하게 되었다.

아무래도, 이것이 우리의 신고식이었던 것 같다.

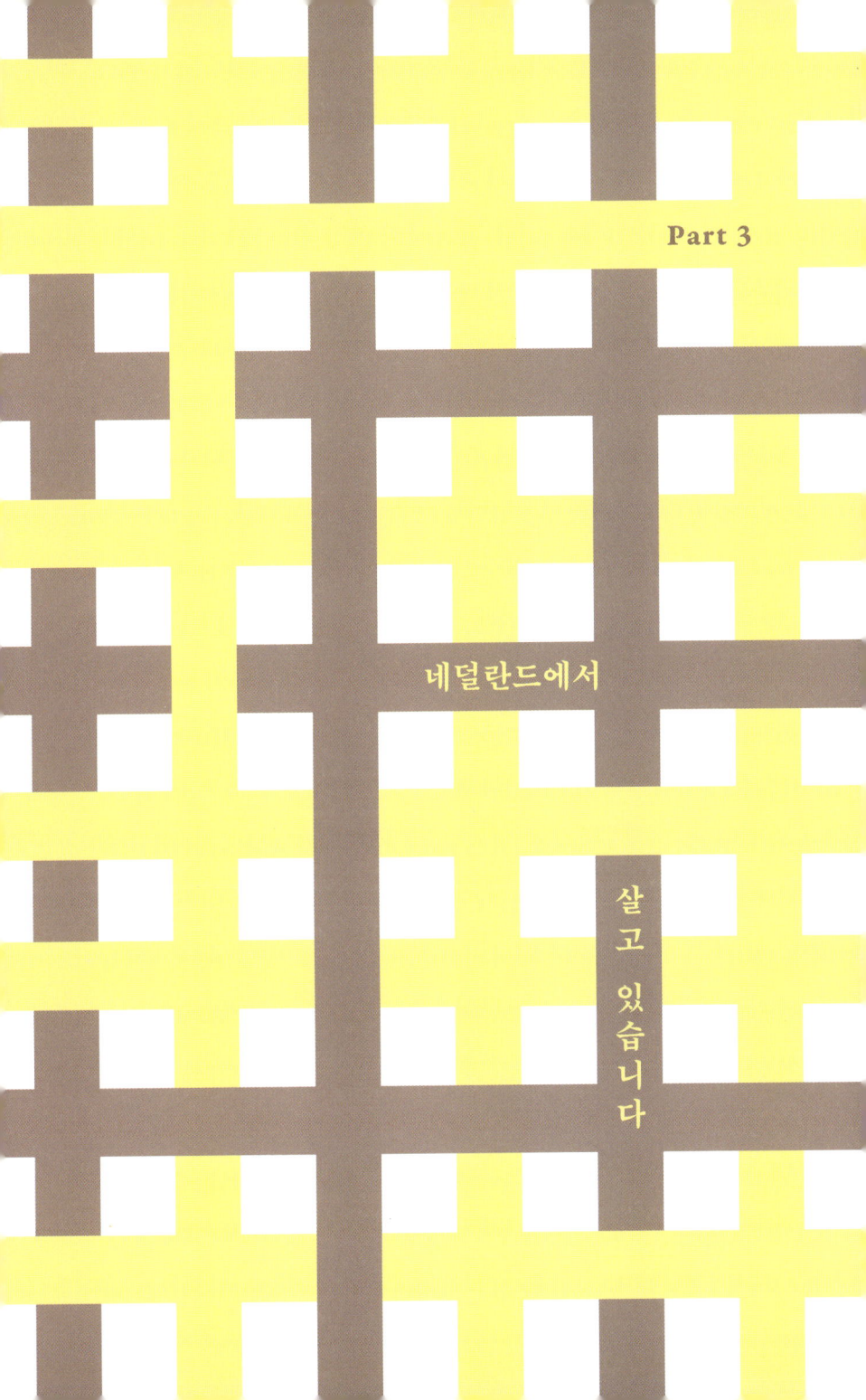

## 덴마크에 휘게가 있다면, 네덜란드엔 '허젤리흐'가 있다

네덜란드를 조금이라도 접해본 사람들은 아마 한번쯤 이렇게 느꼈을 것이다. "뭐 이런 나라가 다 있지?" 확실히 이 나라는 개성이 강하다. 살아보면 놀라는 순간이 많다. 물론 좋은 점도 있고, 당황스러운 점도 있다. 그래도 나는 이 나라가 지닌 좋은 면을 훨씬 더 많이 느끼며 살고 있다.

내가 삶에서 가장 중요하게 생각하는 것은 '자유'다. 어릴 적 미국을 동경했던 것도 어쩌면 자유로워 보였기 때문일 것이다. 특히 한국처럼 압박이 심한 사회에서 자라난 밀레니얼 세대라면 더더욱. 그런데 네덜란드는 신기할 만큼 개인의 자유를 존중하는 나라다. 여러 사회적 제도가 보여주듯 오히려 자유의 상징이라고 느끼는 미국보다 더 개방적이다. 타인에게 해를 끼치지 않는 한 각자의 삶에 간섭하지 않는다. 이 무심함은 때론 차갑고 때론 과격하게까지 느껴지지만 그래서 편하다는 것은 부정할 수 없다.

놀라운 건 이 차가움 속에 따뜻함이 있다는 점이다. 네덜란드인들은 드라마 속 '츤데레' 캐릭터처럼 무뚝뚝해 보이지만 행동으로 따뜻함을 전하는 사람들이다. 처음엔 투박하고 구두쇠처럼 보여도 생일이면 손 편지를 써서 건네고, 친구를 집에 초대해 함께 보드게임을 즐기는 사람들. 말보다는 행동으로, 느리지만 깊게 관계를 쌓아가는 그들만의 방식이 있다. 아… 그러고 보니 나의 경상도 할머니 같은 느낌이라서 내가 편안하게 느꼈는지도 모르겠다.

사실 외국인 입장에서 이들 무리에 끼어 들어가는 건 쉽지 않다. 이들은 고등학교, 대학교 친구들과 평생 관계를 이어가며 새로운 사람을 잘 들이지 않는다. 네덜란드인 대부분이 영어를 잘하는 덕분에 겉으로는 쉽게 소통할 수 있는 것 같지만 진짜 친해지는 데는 시간이 오래 걸린다.

나 역시 남편이 네덜란드인이 아니었다면 이 세계를 이렇게 가까이 체험하긴 어려웠을 것이다. 연애 시절, 톨벤을 따라 네덜란드에 잠깐 방문했을 때 그의 친구 집에 초대받은 경험이 있다. 저녁을 함께 먹고 그 집에서 하룻밤 자고 가는 게 그들에겐 몹시 자연스러운 일이었다. "민폐 아냐?" 하고 물으니 톨벤은 "전혀, 우리나라에선 그런 일 흔해"라고 답했다. 그리고 중요한 건, 그들은 상대가 싫으면 절대 집에 오라고 하지 않는다는 점이다. 정직함을 최고의 미덕으로 여기는 문화라 억지로 예의를 차리거나 사양하는 사회적 밀당이 없다.

친구 집에 묵은 경험은 의외로 편안했다. 물론 손님이 오면 미리 청소는 하겠지만 무리해서 음식을 대접하진 않는다. 평소보다 약간 신경 쓴 정도의 식사랄까. 한국식으로 말하자면 "이게 다야?"라고 말할 정도로 단출하지만 그래서 더 부담 없다. 한국에서는 누가 차 한잔하러 온다고 하면 온 집 안을 치우고 여러 수고를 아끼지 않는다. 좋은 마음이지만 때론 그 정성이 서로 부담으로 작용하기도 한다. 나도 한국에선 그랬다. 가벼운 마음으로 집에 놀러 오라고 했다가 막상 그날이 다가오면 아차 싶어서 미친 듯이 청소하기 시작한다. 그런데도 집이 깨끗하지 않은 것 같아 늘 마음이 찝찝했다.

그런데 네덜란드에선 이런 '무리하지 않는 편안함'이 일상 속 문화로 녹아 있다. 이 나라에는 '허젤리흐gezellig'라는 단어가 있다. 일단 발음하기도 어려운 이 단어는 우리말로 딱 떨어지는 번역은 없지만 굳이 말하자면 '아늑하고, 정겹고, 편안한 상태'를 뜻한다. 중요한 건 보여주기 위해서가 아니라 함께 있는 그 시간이 진심으로 따뜻하고 편해야 한다는 점이다. 거창한 준비나 격식보다는 모여 앉아 와인 한잔을

나누며 조명을 어둡게 하고 보드게임을 하는 그 분위기 자체가 허젤리흐다.

이는 종종 덴마크의 '휘게hygge'와 비교되기도 하는데, 둘은 겉보기엔 꽤 비슷하지만 안을 들여다보면 조금 다르다. 휘게가 '아늑한 조명 아래 혼자 혹은 아주 가까운 사람들과 보내는 쉼의 감정'이라면 허젤리흐는 '관계 속에서 만들어지는 소박한 정감'이다. 휘게가 '고요한 나만의 안식처'라면 허젤리흐는 '함께 웃고 떠들 수 있는 따뜻한 연결'에 가까워 보인다. 좀 더 거칠게 내 식대로 정리하자면 미국의 코지cosy는 '포근함', 덴마크의 휘게는 '쉼', 네덜란드의 허젤리흐는 관계 속의 '충만함'이다.

이를테면 동네 요가 수업이 끝나면 꼭 차 한잔을 나누며 잠시 이야기를 나누다 집에 간다. 그 시간이 고마우면서도 그때마다 열 개도 넘는 찻잔을 일일이 씻어내는 수고가 떠오르곤 했다. 티타임이 없다면 수업을 좀 더 타이트하게 운영할 수도 있을 텐데 말이다. '장사꾼' 이미지가 강한 네덜란드인들에겐 어울리지 않는 따뜻한 느긋함. 그런 의외의 순간을 마주할 때마다 나는 놀란다.

허젤리흐의 감각은 소박한 저녁 식탁에서도 피어난다. 와인 한잔하며 이런저런 이야기를 나누고, 아침에 맨얼굴로 식탁에 앉아 간단한 식사를 함께하는 순간. 물론 이런 장면은 프랑스나 덴마크 등 다른 유럽 국가에서도 볼 수 있다. 하지만 그런 순간에 굳이 이름을 붙이고, '지금 이 시간이 허젤리흐하다'며 소리 내어 표현하고 함께 공감하는 문화는 네덜란드만의 정서 같다. 프랑스의 식탁이 조금 더 우아하고, 덴마크의 휘게가 더 정갈하고 조용하다면 네덜란드의 허젤리흐는 덜 꾸미고, 덜 힘주고, 조금은 헐렁하게 흘러간다. 그래서 나에게는 더 담백하게 느껴진다.

그때의 기억이 좋아서 나도 톨벤 친구들이 한국을 방문할 때면 꼭 우리 집에 머물라고 권했다. 그들은 에어 매트리스에서도 잘 잤고, 내가 이것저것 정성껏 차려내면 눈을 동그랗게 뜨며 "왜 이렇게 많이 해?"라고 했다. 에어 매트리스가 불편하지 않냐고 물으니 "어릴 때부터 캠핑을 많이 다녀서 익숙해"라며 웃었다. 이런 일은 네덜란드에 와서도 이어지고 있다. 특히 도시에서 떨어진 시골 마을에 살다 보니 친구들이 오면 그저 예의를 차리기 위해서가 아니라 정말 진심으로 자고 가라고 말하게 된다.

운동과 야외 활동을 중요시하는 문화와 비가 와도 자전거를 타고 학교나 회사를 다니는 생활 습관 때문인지 이들은 몸을 움직이는 데 익숙하고, 작은 도움이라면 기꺼이 나서서 도와준다. 돈에 있어서는 짠돌이 같다고 말하지만 정작 몸을 써야 하는 실질적인 도움에서는 결코 인색하지 않다. 식사를

마친 다음 설거지를 도와준다든지 하는 일처럼 말이다. 귀찮을 수도 있는 일이지만 대부분 "이쯤이야"라고 한다.

  네덜란드는 '자유롭지만 방임하지는 않는' 단단한 사회다. 외부인의 눈엔 투박하게 보일 수도 있지만 그 안에는 따뜻한 진심이 있다. 보여주기 위한 친절이 아니라 함께 살아가기 위한 여유와 질서. 나는 그게 이 나라의 진짜 멋이라고 생각한다.

## 파워 J들이 만들어 가는 나라

나는 INTJ다. 출산한 뒤 좀 더 감성적이고 충동적으로 변한 것 같기도 한데 다시 검사해봐도 여전히 INTJ가 나온다. 영어로 하면 좀 다를까 싶어 영어 버전으로 해봐도 INTJ, 아! 톨벤이 대신 검사해줬을 땐 ISTJ가 나왔다. 아무튼 J인 건 분명하다.

그런데 이 나라는 J인 내가 봐도 진짜 J다. 네덜란드 사람과 예의상 '커피 한잔하자'고 말하는 건 금물이다. 그 말이 끝나기도 전에 "몇 월 며칠?"이라는 질문이 날아올 테고, 바로 휴대전화 달력 앱을 열 것이다. 그리고 그 달력은 이미 빽빽할 가능성이 크다. "두 달 뒤 목요일 오후 2시에서 4시 사이가 비는데 어때?" 같은 대답이 돌아올 수도 있다. 하하하,

농담 같지만 정말이다. 그리고 그 약속은, 웬만해선 깨지지 않는다.

한국에서는 인사말처럼 "밥 한번 먹자~"라고 하고, 미국에선 숨 쉬듯 가볍게 "언제 한번 놀자Let's hang out sometime"라고 말한다. 미국 파티에서 신나게 떠들고 난 뒤 "다음에 꼭 보자!"라고 열 번 넘게 들었더라도 연락 한 번 안 올 수 있다. 나도 그런 일을 여러 차례 겪어본지라 이제는 그냥 웃어넘긴다. 그에 반해 네덜란드의 약속은 훨씬 묵직하고 구체적이다.

톨벤은 작년 겨울, 친구 가족들과 함께 떠나는 스키 여행을 1년 전부터 계획했다. 단체 채팅방이 만들어졌고, 그 안에서는 일정부터 숙소 예약, 준비물 정보까지 주기적으로 업데이트됐다. 문제는 그 업데이트 내용을 톨벤이 나에게도 꼬박꼬박 공유했다는 점이다. 톨벤은 나만 보면 입을 뗐다. "근데 그 스키트립이 말이야…" 그 말을 1년 내내 듣고 나니 떠나기도 전에 이미 질리고 말았다.

이들의 시간 감각은 매우 정밀하다. 단순히 날짜뿐 아니라 시간까지 15분 단위로 쪼개서 사용한다. 관공서, 병원, 학교 상담, 운동 클래스까지 대부분 10시 15분, 1시 10분, 2시 45분처럼 딱딱 떨어지지 않는 시간에 예약이 잡힌다. '퀄트kwart'는 15분 단위를 뜻하는 말로, 시간을 읽을 때 자주 사용된다. '8시 15분'은 '쿼르트 오버 아흐트kwart over acht', '11시 15분 전'은 '쿼르트 포어 엘프kwart voor elf'처럼 말한다. 여기까진 괜찮다 싶다가, '9시 40분'을 숫자 그대로 말하지 않고 '10시가 되기 30분 전에서 10분 지난 시간'이라는 뜻의 '틴 오버 할프 틴tien over half tien'이라고 표현하는 걸 들으면 한국인 입장에서는 머리가 핑 돌 수밖에 없다.

물론 영어에도 'quarter to ten(10시 15분 전)' 'five past eight(8시 5분 후)' 같은 표현이 있지만 미국인들은 실제로 'ten oh five(10시 5분)' 'eight fifteen(8시 15분)'처럼 숫자 그대로 말하는 쪽을 선호한다. 약속 시간도 비교적 느슨해서 5~10분 늦는 건 아무렇지 않게 받아들이고, 때로는 연락조차 없는 경우도 흔하다. 반면 네덜란드인들은 머릿속에 스케줄러가 내장된 사람들 같다.

이들은 '지금'을 말할 때도 '앞으로'를 기준으로 설명한다. 어쩌면 네덜란드인들의 시간 감각은 현재보다 미래 중심일지도 모른다.

이런 문화가 어디서 왔는지는 확실하지 않다. 다만 해상무역국으로서의 역사나 네덜란드인의 정신에 깊이 스며든 칼뱅주의의 영향도 있을 것 같다는 생각이 든다. 16세기부터 해상무역으로 번영을 누린 네덜란드에서는 배의 출항 시간, 조수 간만, 물류와 환율까지 모든 것이 시간을 정확히 계산

하는 일에 달려 있었을 것이다. 여기에 시간을 허투루 쓰는 것을 죄악으로 여기고, 절제와 계획을 신앙의 실천으로 본 칼뱅주의도 한몫했을지 모른다.

네덜란드의 일상은 겉보기에는 자유롭고 느긋해 보이지만 속은 계획으로 가득 차 있다. 동네에서는 특정 요일마다 특정 쓰레기통이 일렬로 나란히 나와 있는 모습을 볼 수 있다. 물론 관광객이 많은 암스테르담 도심은 예외지만. 예를 들면, 일주일에 한 번 수요일은 플라스틱, 목요일은 종이 이런 식이다. 만약 그 요일에 쓰레기를 못 내놓으면? 다음 번 수거일까지 기다리거나 직접 쓰레기 처리장에 가져가야 한다.

한국에도 주택이나 빌라에 살면 요일별로 정해진 분리배출 스케줄이 있지만 네덜란드 주택가 양옆으로 줄지어 늘어선 쓰레기통 풍경은 꽤나 인상적이다. 동네 주민 대부분이 정확히 정해진 요일에 쓰레기통을 집 앞에 내놓고, 지정된 쓰레기만 규격에 맞춰 분리해서 버린 뒤, 그날 오후에 다시 제자리에 가져다놓는다. 이 일상적인 행동에서조차 이 나라 사람들의 리듬이 느껴진다.

병원 예약은 물론이고, 다음 달 아이 친구 생일 파티, 내년에 있을 결혼식까지도 참석 여부를 일찌감치 알려줘야 한다. 이쯤 되면 정말 전 국민이 '미래를 살고 있다'는 느낌이 든다. 이런 삶의 방식은 때때로 답답하고 지루하게 느껴질 수 있다. "오늘 기분 좋은데 커피나 마실까?" 같은 충동적인 만남은 거의 불가능하다. 아무리 친해도 사전 약속은 기본이다.

그런데 이상하게도 나는 이런 단단한 질서 속에서 오히려 안정감을 느낀다. 누구도 갑자기 들이닥치지 않고, 눈치 볼 일도 없다. 자유를 좋아한다고 말하지만 사실 완전한 자유는 두렵기도 하다. 아무도 간섭하지 않는다는 건 아무도 책임져주지 않는다는 뜻이니까. 그런 점에서 예측 가능한 구조는 오히려 나를 부드럽게 감싸주는 보호막 같다.

그리고 그 질서 한가운데, 네덜란드 사람들은 자신을 위해 '틈' 같은 오아시스를 만들어둔다. 앞에서 말한 바로 그 허젤리흐 말이다. 촛불을 켜고, 와인을 따르고, 작은 접시에 간식을 나누는 따뜻하고 느긋한 시간. 어쩌면 이조차도 치밀하게 설계된 안식처일지도 모르겠다.

요즘 많은 젊은 사람들이 효율과 생산성, 완벽을 추구하면서도 동시에 그에 따른 피로에 지쳐 있는 것 같다. 그래서인지 아날로그 감성, 소소한 오프라인 모임, 느슨하고 다정한 공동체에 열광하는 모습도 보인다. 그런 면에서 보면 네덜란드는 이미 그 균형을 알고 있는 나라다. 일에서는 철저히 효율을 따르되, 사적 시간은 충만하게 보낸다. 개인의 자율과 고립 사이의 간극을 의식적으로 메우려 한다. 편안하고 솔직하고, 불필요한 포장이 없는 관계를 추구한다.

 그 양면성. 어쩐지 참 '젠지'스럽다.

## 전직 영어 일타 강사의 네덜란드어 배우기

네덜란드에 온 지 어느덧 2년이 넘었다. 그런데 내 네덜란드어 실력은 참담하다 못해 숨고 싶을 정도다. 변명해보자면 이렇다.

첫째, 여기서는 누구나 영어를 한다. 용기 내어 네덜란드어로 "막흐 익 은 아이쉐?"(mag ik een ijsje?, 아이스크림 하나 주세요)라고 말해도 돌아오는 답은 십중팔구 영어다. 네덜란드 사람들의 영어 실력은 놀라운 수준이다. 할머니, 할아버지까지 모두 영어로 대화가 가능하다. 이런 환경에서 네덜란드어를 배워야겠다는 절실함은 생기기 쉽지 않다.

둘째, 육아와 벌여놓은 일들(이 책 쓰기 포함)로 수업에 갈 시간이 없다. 시골에 살다 보니 수업 장소도 멀다. 게다가 강아지 산책, 집안일, 저녁 요리(주중 외식은 거의 안 한다), 운동 후 세랑이 픽업까지… 하루가 꽉 찬다. 대신 기초 온라인 강의와 앱으로 단어를 외우고 있다.

네덜란드에 오기 전부터 "넌 영어를 잘하니까 네덜란드어도 금방 배울 거야"라는 말을 자주 들었다. 그런데 그런 인식이 오히려 부담된다. 할 거면 진짜 시간 날 때 각 잡고 제대로 해야지 하는 생각에 학습을 계속 미루게 된다.

셋째, 이게 가장 큰 문제인데… 내게 네덜란드어는 매력적이지 않은 데다 나는 그 소리를 제대로 내지 못한다. 네덜란드인들에겐 정말 미안하지만 내 귀에는 전 국민이 가래 끓는 목소리로 대충 말하는 것처럼 들린다. 왜 이렇게 모호하고 부정확하게 발음하나 싶다. 스페인어나 일본어처럼 음절이 또렷해 흉내라도 낼 수 있는 언어와는 다른 것 같다. 네덜란드어는 종이를 구겨서 툭 던지는 소리 같다. 그들이 빠르게 한 문장을 내뱉으면 바로 뇌 정지다.

특히 네덜란드어에서 가장 악명 높은 'G' 발음은 정말 절망적이다. 이게 바로 '가래 끓는 소리'의 핵심인데 한국어로는 'ㅎ'으로 표기하지만 그렇게 발음하면 틀렸다고 한다. 우리가 잘 아는 네덜란드 대표 치즈인 '고다 치즈'도 사실은 'ㅎ캬우다' 치즈다. 'U' 발음도 만만치 않다. 우리가 '우'나 '유'로 생각하는 이 글자는 사실 한국어로 표기 불가능하다.

네덜란드 도시 Utrecht는 '유트레흐트'도 아니고 '우트레흐트'도 아니다. 한국어로는 '위트레흐트'라고 표기하는데 이대로 소리 내서 읽으면 네덜란드 사람은 아무도 못 알아들을 것이다. 입을 '우' 모양으로 하고 '이' 소리를 내야 한다나….

영어의 경우엔 어릴 때부터 외국 음악과 영화를 좋아해 발음이나 억양을 자연스럽게 익힐 수 있었다. 그래서 영어를 가르칠 때 발음 때문에 고생하는 학생들의 마음을 완벽히 이해하지는 못했다. 그런데 네덜란드어를 배워보니 그 마음이 처절하게 이해된다.

이런 이유들로 네덜란드어를 배우고 싶은 마음이 도통 잘 안 생겼다. 외모가 아무리 매력적인 네덜란드인이라도 입만 열면 매력이 반감된다는 게 내 솔직한 심정이었다. 그런데 다른 이방인들도 비슷한 얘기를 하더라. 언젠가 인터넷에서 네덜란드어를 두고 "술 취한 독일인이 프랑스어를 하려는 것 같다"는 표현을 본 적도 있다.

그러던 어느 날, 기차 안에서 젊은 여성 두 명이 네덜란드어로 조곤조곤 대화하는 모습을 봤다. 이상하게 시선이 갔고, 그들의 네덜란드어가 전혀 이질적으로 들리지 않았다. 네이티브가 아닌 것 같은데도 자연스럽게 대화하는 모습이 인상적이었다. 그날 '나도 할 수 있지 않을까?' 하는 자신감이 조금 생겼다. 발음이 완벽하지 않아도 충분히 소통되는 모습에서 용기를 약간 얻었다.

사실 네덜란드어에 대한 생각이 바뀐 결정적인 사건은 따로 있었다. 요가 수업에서 남부 에인트호번 지역 출신 여성과 이야기하다 내 결혼 생활 내내 숙적이었던 'G' 발음 얘기가 나왔다. 그녀가 말했다. 자기 고향에서는 그 소리를 그렇게 강하게 내지 않는다고. 그냥 한국말의 'ㅎ'처럼 하면 된다고. 충격이었다! 결혼 이후로 줄곧 톨벤에게 "아니야, 이번에도 아니야"라고 평가받은 그 발음을 사실은 지역에 따라 다르게 해도 된다니! 네덜란드 북부의 표준 발음과 남부 브라반트 지역의 발음이 다르다는 걸 그제야 알았다. 그날로 나는 '에인트호번 스타일(?)'로 말하기로 결심했고, 마음이 한결 편해졌다. 톨벤도 나중에 "아, 그런 차이가 있긴 해"라며 인정해줬다.

단어는 꾸준히 공부하고 있다. 앱으로 매일 10분, 아예 '화장실 전용 루틴'으로 만들었다. 하루하루 아주 조금씩 계속해 (앱에 따르면) 오늘로 335일째다. 나는 게임을 전혀 하지 않지만 요즘 언어 학습 앱들이 게임처럼 재미있게 만들어진 덕분에 은근히 중독돼가고 있다. 연속 학습 일수를 깨뜨리지 않기 위해 여행 가서도 단어를 외운다. 덕분에 들리고 보이는 게 늘어났다. 세랑이가 주로 하는 말은 거의 알아듣고, 사람들이 무슨 주제로 이야기하는지도 짐작하기 수월해졌다.

암스테르담에서 트램을 타면 예전에는 읽기 힘들었던 정거장명이 한눈에 들어오기 시작했다. 네덜란드어는 두 단어 정도 되는 길이의 단어를 붙여 쓰는 경우가 흔하고, 영어와 비슷하면서도 낯선 철자 조합이 많다. 예를 들어, 암스테르담의 유명한 콘서트홀 Koninklijk Concertgebouw처럼 어미에 '허바우-gebouw'라고 붙은 정거장명이 자주 보이는데, '허바우'는 빌딩이라는 뜻이다. 그래서 Concertgebouw는 콘서트 빌딩이라는 뜻이다. 또 트램 안내 방송에서 자주 들리는 '그라흐트gracht'는 운하라는 뜻이다. 암스테르담 내부가 운하의 집합이라는 걸 생각하면 Prinsengracht 6는 '프린스 운하의 여섯 번째 건물'이라는 이름이 너무나 당연해 보인다. 이런 순간들이 나에게는 작은 '아하!'의 즐거움이다.

외국어를 배우다 보면 한국어와 비슷한 표현이나 평소 자주 듣던 말의 유래를 발견할 때 희열을 느낀다. 미국 지명이나 이름에 자주 보이는 'dale'도 마찬가지다. 블루밍데일Bloomingdale이나 리버데일Riverdale 같은 이름의 'dale'은 계곡이라는 뜻이다. 아마도 예전에 그 지역에 계곡이 있었을 가능성이 크다. 어릴 적 대구에서 '건들바위'라는 곳을 버스를 타고 자주 지나면서도 그 뜻을 생각해본 적은 없었다. 그러다 어느 날 강의하러 가는 길, 신호를 기다리며 건들바위 사거리 앞에 서 있었다. 그런데 정말 커다란 돌덩이가 있는 게

아닌가. 아파트들이 들어서기 오래전부터 그 자리를 지켜온 바위였다. 찾아보니 서 있는 모습이 불안정하게 건들거려서 '건들바위'라 불리게 되었다고 한다.

영어 이름에 'Mc'이 '~의 아들'인 것처럼, 네덜란드 성에 자주 붙는 'Van'도 '~의, ~에서 온'이라는 뜻이다. 반 고흐의 'Van'이 '고흐 출신의'라는 의미이다. 모국어에서는 이런 이름을 별생각 없이 자연스럽게 받아들이지만 외국어를 배우면 그 배경에 의문이 생기고, 답을 알게 되면 큰 재미를 느낀다.

이렇게 네덜란드어에 대한 내 시각은 점점 바뀌고 있다. 그러고 보니 그들의 큰 키에 어울리지 않게(?) 귀여운 단어도 꽤 있다. '호이'(hoi, 안녕) '두이 두이'(doei doei, 잘 가) '오파'(opa, 할아버지) '오마'(oma, 할머니) 같은 단어들 말이다. 특히 '오파'와 '오마'는 우리말과 정말 비슷해서 신기하다. 아이들이 "오파! 오마!"라고 부르는 소리를 들으면 마치 한국 아이들 같아서 웃음이 나온다.

네덜란드어를 배우면서 또 하나 깨달은 건, 이 언어가 생각보다 논리적이라는 점이다. 프랑스어처럼 불규칙 동사가 많지도 않고, 영어보다 발음과 철자의 일치도가 높다. 한번 규칙을 익히면 모르는 단어도 대충 읽을 수 있다.

솔직히 내가 언어에 대한 특별히 재능이 있는지는 잘 모르겠다. 다만 사람들의 특징을 관찰하고 따라 하는 건 약간 본능처럼 느껴진다. 그래서 소리를 예민하게 듣고 흉내 내는 데는 자신 있었다. 네덜란드어 발음만큼은 여전히 쉽지 않지만 완벽하지 않아도 된다는 걸 이제는 안다. '에인트호번' 스타일을 알게 된 뒤로는 네덜란드어에 대한 부담이 한결 줄었고, 실제로 사람들과 소통하는 일도 조금씩 늘어나고 있다.

아직 갈 길은 멀다. 그래도 10년 넘게 영어를 가르쳐오면서 깨달은 건, 외국어 공부에 있어 가장 중요한 건 강력한 동기와 꾸준함이라는 점이다. 그리고 그렇게 꾸준히 동기를 유지하는 비결은 재미와 호기심이라는 것도. 일단 단기 목표는 세랑이 친구들이 놀러 왔을 때 세랑이 통역 없이 아이들과 완전히 소통하는 것이다. 그리고 톨벤의 가족, 친구들과 네덜란드어로 농담을 주고받을 수 있으면 더할 나위 없겠다.

내가 영어를 익힌 것도 결국 미국과 영국 영화, 팝송에 대한 사랑 때문이었다. 청소년 시절 비디오 가게의 해외 신작을 거의 모조리 다 보고, 팝송 가사를 스스로 해석하면서 영어 실력이 자연스럽게 늘어난 것처럼 말이다. 이 책이 마무리되면 정말 네덜란드어를 본격적으로 공부해보리라 또다시 (!) 다짐한다. 화장실 루틴에서 벗어나 1:1 온라인 회화 수업도 제대로 시작해보고, 네덜란드 영화나 드라마도 시청해보리라. 언젠가는 나도 네덜란드인들 사이에서 자연스럽게 대화하는 날이 오기를 바라며….

 아, 그런데 정말 그날이 와도 여전히 G는 에인트호번 스타일로 발음할 거다. 우리의 박지성, 이영표 선수가 몸담았던 팀이 있는 그곳을 내 네덜란드 고향이라고 생각하련다.

## 나답게 단단하게,
## 그들의 진짜 쿨한 태도

　네덜란드에는 '행복한 나라'라는 수식이 자주 붙는다. 아동 행복지수는 수년째 세계 1위, 성인 행복지수도 6위권 안에 든다. 이런 통계를 보고 있으면 '왜?'라는 질문이 자연스레 떠오른다. 제도적 안정성, 높은 세금이 보장하는 복지, 일찍이 해상무역으로 부를 축적한 역사적 배경 등 다양한 요소가 영향을 주었겠지만 그것만으로는 다 설명되지 않는다.

　나는 이 나라의 '쿨함'에 대해 자주 생각하게 된다. 제도보다 먼저 다가오는 건 일상 속에서 마주치는 그들의 태도, 행동, 사고방식이다. 겉보기엔 사소하지만 반복적으로 체감되는 그들의 라이프스타일에서 느껴지는 무심한 듯 단단한 쿨함. 한마디로 말하긴 어렵지만 경험은 계속해서 나를 설득

한다.

예전에 톨벤의 친구 집에 점심 파티를 간 적이 있다. 대략 스무 명 정도가 모인 자리였고, 호스트는 다양한 샌드위치를 준비해두었다. 그런데 한 여성이 가방에서 자신이 싸온 빵과 치즈를 꺼내더니(정말로 달랑 빵과 치즈뿐이었다) 랩을 벗기고 조용히 잘라 먹기 시작했다. 처음엔 꽤 당황스러웠다. 포틀럭 파티도 아니었기에 따로 준비해 온 단출한 음식을 꺼내는 건 한국이나 미국 같았으면 까탈스럽거나 눈치 없는 행동으로 보였을 것이다. 특히 우리 모두 20대였기에 더더욱 '모양 빠진다'는 생각이 먼저 들었다.

하지만 여기서는 전혀 이상하지 않았다. 오히려 그 누구도 신경 쓰지 않았고, 그녀 또한 당당하고 자연스러웠다. 알레르기나 식단 조절로 자신이 먹을 걸 따로 준비해 오는 건 흔한 일이었다. 그 장면은 내게 강한 인상을 남겼다. 있는 그대로의 자신의 필요를 챙기는 것, 타인의 시선을 두려워하지 않고 나답게 행동하는 것. 진짜 '쿨하다'는 건 그런 태도에서 오는 것 아닐까 하고 생각하게 되었다.

길거리에서 땅콩버터 바른 식빵 한 조각을 입에 물고 걷는 사람들, 아침마다 식빵 두 장 사이에 치즈 한 장만 끼워 넣고 차에 오르는 톨벤. 이런 습관은 아주 어릴 때부터 체득된 것이다. 네덜란드에서는 이유식 대신 마가린 바른 빵 조각을 주기도 한다. 아침은 물론 점심 도시락까지도 간단한 샌드위치 하나면 충분하다.

이곳엔 급식이 없기 때문에 도시락을 싸야 하는데 빵에 버터나 잼을 바른 다음 햄 한 장 정도만 넣고 과일과 채소 몇 조각, 그리고 수돗물을 담은 물병만 챙기면 끝이다. 그렇다. 여기선 수돗물을 그냥 마신다. 언제 어디서나, 심지어 샤워하다가도 물고기처럼 뻐끔뻐끔 물을 마신다.

사실 이 장면을 한국에서 처음 봤을 땐 나도 깜짝 놀랐다. 톨벤이 샤워하다가 입을 벌려 물을 꿀꺽꿀꺽 마시길래 "노!" 하고 소리쳤다. 네덜란드에서 평생 수돗물을 먹으며 자란 습관을 한국에서도 지속한 셈이다. 그는 네덜란드에서는 수돗물이 마트에 파는 물보다 더 깨끗하다는 '근거'를 열 번도 넘게 설명했고, 내가 "좀 그만해…"라고 말할수록 더 즐겁게 놀려댔다.

사실 이 '간단함'에는 양면이 있다. 실용적이고 효율적이긴 하지만 때로는 아쉬움도 든다. 네덜란드는 음식을 그저 '끼니를 때우는 연료' 정도로 보는 시각이 강해서 미식에 대한 관심이나 음식 문화의 깊이가 상대적으로 부족한 편이다. 한국의 풍부한 반찬 문화나 정성스럽게 차린 한 상이 그리울 때도 있지만 그 간편함에 익숙해지고 난 뒤로는 나 역시 편리함을 즐기는 중이다.

마트에 가면 손질된 채소 봉지가 한 벽면을 가득 메우고 있다. 썰고, 씻고, 다듬는 수고를 줄여주는 이 시스템 덕분에 요리의 진입 장벽은 현저히 낮아진다. 한국에서는 이런 채소 믹스가 비싸고 양도 적은 편이지만 여기선 종류도 다양하고 가격도 합리적이다. 이태리식 스파게티용, 중식 볶음밥용, 수프용 등 테마별로 구분된 채소 믹스에는 칼도, 가위도, 믹서기도 필요 없다. 봉지를 뜯어 냄비에 붓고 볶기만 하면 된다.

예전에 톨벤이 한국에서 내 친구 지영이 내외를 위해 브로콜리 소고기 볶음을 해준 적이 있었다. 그런데 브로콜리에서 이상한 맛이 났다. 알고 보니 톨벤이 브로콜리를 대충 헹구기만 한 것이었다. 너무 민망했는데 다행히 지영이가 "유럽은 이런 거 대충 씻어도 깨끗하지? 한국은 아닐 거야"라고 말해줘서 겨우 넘어갔다. 여기 살면서 보니 정말 그렇다. 세척되어 나오는 채소도 많고, 대충 헹구고 바로 요리에 쓰거나 먹을 수 있는 재료가 많다. 단, 여기서도 한식을 하려면 여전히 손질이 많이 필요하다. 이 쿨한 나라에 소고깃국 채소 믹스는 아직(?) 없으니 말이다.

이들의 라이프스타일에서 자전거도 빼놓을 수 없다. 아주 어린 시절부터 자전거를 배우고, 어디든 스스로 갈 수 있는 자유와 독립성을 익힌다. 비 오는 날에도 자전거는 멈추지 않는다. 비옷을 입은 어른은 지붕 덮인 수레를 자전거에 매단 채 아이를 태우고 묵묵히 달린다. 머리칼이 젖고 신발에 물이 들어와도 대충 훌훌 털고 일상으로 복귀한다. 대단한 일이 아니다. 그냥 그날도 그렇게 살아갈 뿐이다.

어릴 때부터 자전거 이용자가 도로에서 자동차 운전자와 동등한 권리를 가진다는 것을 몸소 체험하면서 그들은 자신을 존중받는 존재로 인식하게 된다. 어린아이가 손 깜빡이를 켜고 자동차 운전자와 눈빛을 주고받는 순간처럼 작고 당연한 경험들이 자신감을 쌓아주는 것이겠지 싶다.

물론 네덜란드 운전자들이 우리나라 운전자들보다 착해서 이런 문화가 생긴 건 결코 아니다. 평평한 지형 덕분에 자전거가 일상 교통수단으로 자리 잡을 수 있었고, 정책적으로도 자전거 이용자의 권익을 적극 보호해왔기 때문이다. 한국에서는 자동차와 자전거 사고 시 과실을 따져 책임을 나누지만 네덜란드에서는 자전거 이용자가 약자라는 전제하에 자동차가 먼저 조심해야 한다는 원칙이 확고하다. 그래서 웬만한 사고에서 자전거 이용자에게 유리하게 판정된다. 게다가 자동차 운전자 대부분이 자전거 이용자이기도 하다. 잠시 뒤면 본인도 자전거를 타고 동네를 누빌 테고, 아니면 그들의 아이가 타고 있을 것이다. 그들은 자전거 이용자의 속도감, 시야, 불안감을 너무나도 잘 안다.

빈티지를 활용하는 태도 역시 인상적이다. 나는 세랑이의

유아용품을 친구 요스트에게 전했는데 그는 자신들에게 필요 없을 경우 근처 빈티지 숍에 가져가 다른 물건으로 바꿔 온다고 했다. 내가 보기에 남 주기엔 민망해 버려야 할 물건조차도 그곳에서는 또 다른 가치로 환대받는다. 물건은 그렇게 돌고 돌아 새로운 사람의 손에 안긴다. 실용적이고도 정감 있는 방식이다.

물론 그들의 쿨함이 자연스럽게 체득된 것만은 아닐 것이다. 그 기저에는 경제적 안정, 사회적 신뢰, 개인의 권리를 존중하는 문화 등 다양한 배경이 자리할 것이다. 완벽하지도 않고 비판할 지점도 존재하지만 분명한 건 많은 네덜란드인이 '모양'보다 '실용'을 택하고, 남의 시선보다 자신의 편안함을 우선시한다는 점이다.

그런 태도 앞에서 나는 종종 속으로 중얼거린다. 그래, 맞아. 좀 없어 보이면 어때. 오히려 있어 보이려고 발버둥치는 게 더 없어 보일지도 모르잖아.

## 네 코는 스스로 닦아,
## 네덜란드식 교육관

 세랑이는 만 1.5세에 어린이집에 등원하기 시작해 1년이 조금 안 되게 다니다가 네덜란드로 오게 됐다. 이 경험으로 나는 한국 어린이집에 대해 거의 찬양에 가까운 마음을 갖게 됐다.

 우선 누리과정 지원 덕에 어린이집 비용이 대부분 무료라는 점이 가장 큰 장점이다. 미국은 어린이집 비용이 매우 비싸다고 들었고, 네덜란드 어린이집도 정부 지원금이 없으면 꽤나 비싸다. 그래서 아이를 매일 어린이집에 보내는 가정은 많지 않다.

 게다가 한국 어린이집은 아침부터 저녁까지 연장 보육을 해준다. 급식 일정표를 보면 감탄이 나온다. 매일 프로그램도 다양하고, 선생님들 정성에 미안해질 정도다. 세랑이 첫 담임이었던 젊은 선생님은 아이들을 자주 안아주셨다. 세랑이가 처음 울었던 날도 품에 안아 데리고 들어가셨다.

몇 달 뒤, 그 선생님이 출산으로 인해 다른 선생님으로 바뀐다는 소식을 들었다. 겨울이라 두꺼운 옷에 가려 임신하셨다는 사실도 몰랐다. 뱃속에 아기를 품어 몸이 힘들었을 텐데도 늘 웃으며 아이들을 안아주셨다니, 너무 감사하면서도 한편으론 마음이 편치 않았다.

혹여 놀다가 조금이라도 다치면 바로 카카오톡으로 약을 바른 사진과 상황 설명이 전해졌다. 아마도 오해를 방지하기 위한 보고에 가까운 메시지였던 것 같다. 생각해보면 그만큼 선생님들이 눈치를 많이 봐야 하는 환경이 아닌가 싶었다.

다음 담임 선생님과의 일화도 기억난다. 겨울 아침, 등원 전 문 앞에서 콧물이 줄줄 나는 세랑이 코에 휴지를 돌돌 말아서 콧물을 빼주자, 그걸 보신 선생님이 "아하, 그 방법 좋네요" 하며 본인도 아이들에게 그렇게 해봐야겠다고 하셨다. 그렇게 우리는 아이들의 콧물을 어떻게 효과적으로 닦아줄지를 진지하게 고민했다. 실제로 3세 전후 아이들은 '코흘리개'라는 말 그대로 온종일 콧물을 흘린다.

네덜란드 어린이집에 다니게 된 세랑이의 하교 모습은 한국에서와는 달랐다. 정말이지 들판에서 흙을 파고 놀다 들어온 강아지처럼 머리는 헝클어지고, 코딱지가 말라붙어 있었다. 이게 아이들의 본래 모습이었다. 한국에서는 선생님들이 온종일 따라다니며 콧물을 닦아주고 머리도 단정히 해주셨던 거다. 네덜란드에서는 절대 그런 일이 없다.

좋고 나쁨의 문제가 아니라 네덜란드 아이들은 아주 어릴 때부터 이렇게 자란다는 걸 여실히 보여주는 장면이라 그 순간 문화 차이를 느꼈다. 부모들도 아이들 용모에 크게 개의치 않는다. 아이들 옷이나 가방은 금세 새까매진다. 한국이라면 바로 세탁했을 더러운 재킷을 그대로 입힌다. 어린이집 신발장만 봐도 한국에선 반짝반짝 세련된 운동화들이 놓여 있었지만 여기선 그렇지 않다.

엄마의 일거리가 줄어드는 건 사실이다. 게다가 유치원 걱정도 없다. 네덜란드는 만 4세부터 초등학교에 간다. 의무교육은 5세부터지만 대부분 4세에 입학한다. 첫 1~2년은 유치원처럼 자유롭게 운영된다.

사실 네덜란드 육아가 수월하다고 하는 이유에서 큰 부분을 차지하는 것은 바로 전체 노동자의 절반이 파트타임으로 일하는 문화일 것이다. 주 3~4일만 일하고 나머지는 아이와 보내는 일이 흔하다. 제도적으로도 파트타임 근무자에게 권리와 복지가 보장된다. (이 점은 다른 나라들이 함부로 따라 하기 힘든 것이 분명하다.) 엄마가 주로 파트타임을 하지만 아빠

가 주 4일만 일하거나 부부 모두 주 3~4일씩 일하는 가정도 꽤 많다. 심장 전문의로 일하는 톨벤 친구 아내는 여가 시간에 주로 무얼 하냐고 묻는 나에게 이렇게 말했다.

"아이와 노는 게 제 취미예요."

단순한 말이었지만 신선했다. 내가 알기로 커리어를 성공적으로 이어가는 여성에게는 대개 육아가 '효율적으로 처리해야 할 과제'처럼 여겨졌다. 직장, 집안일, 육아를 구분해 처리하고 내 시간을 확보하는 것이 목표였다. 아이와는 '잘 놀아주는' 것이지, '잘 논다'는 표현은 낯설었다.

그런데 이곳 부모들은 정말 아이와 잘 논다. 놀이터, 자전거 수레, 피크닉 담요 위에서 아이와 눈을 맞추며 시간을 즐긴다. 그리고 아이들이 놀이터에서 뛰노는 모습은 한국 기준으론 꽤 위험해 보인다. 하지만 네덜란드 부모들은 대수롭지 않게 지켜본다. 큰 규칙은 엄격히 지키게 하되, 웬만한 건 자유롭게 두는 편이다.

그렇다고 이들 모두에게 육아가 마냥 쉽고 행복한 것은 아니다. 겉으로는 강해 보이는 네덜란드 여성들도 출산 뒤에는 꽤 힘들어하는 것 같다. 급격한 체력 저하나 체중 증가로 신체적 어려움을 겪는 경우도 흔하고, 직장 생활과 육아, 늘어난 집안일로 과부하가 걸리기도 한다. 조금 더 친해져 내가 먼저 내 고민을 털어놓자 그들도 속마음을 꺼냈다. 일과 육아

모두 잘해나가고 있는 것처럼 보이는 이들도 상당수가 의사를 찾아가 정신과 상담을 받거나 약을 처방받는다고 했다.

또 어떤 이들은 청소 도우미나 베이비시터를 적절히 활용해 한결 나아졌다고 실질적으로 조언해주기도 했다. 사실 아무리 사회가 변하고 아빠들의 육아 참여가 늘어도 임신과 출산이 여성의 신체와 정신에 주는 부담은 완전히 없어지지 않는다. 게다가 아이가 잘 자지 않거나 수시로 침대에 오줌을 싸서 매일 이불을 빨아야 하는 등 집집마다 구체적인 상황은 모두 다르다. 육아는 결의를 다진다고 해서 무작정 잘해낼 수 있는 일이 아니라는 걸 여기서 다시 한번 깨닫게 되었다.

아동 행복지수 1위라고 해도 이곳의 교육이 완벽한 건 아니다. 경쟁보다 자율을 강조해 어릴 땐 시험 부담이 없다. 대신 중학교 진학 시점(네덜란드는 중·고등학교가 합쳐져 6년 과정이다)에 실업·기술·대학 진학 트랙으로 나뉜다. 이 결정은 부모의 배경과 정보력에 크게 영향을 받는다. 겉보기엔 평등하지만 실상은 계층화된 구조다. 마냥 이상적이지만은 않은 것이 현실이다.

소수만이 연구중심대학Universiteit으로 향한다. 이곳은 학문 연구와 이론 교육에 집중하는 4년제 과정으로, 석·박사 과정까지 이어지는 경우가 많다. 나머지는 응용과학대학HBO 등 다른 경로로 가는데, 여기는 실무와 직업 교육에 초점이 맞춰져 있다. 네덜란드의 대학 등록금은 한국이나 미국에 비하면 상당히 저렴한 편이다. 1년에 약 300만 원 정도로, 조건에 따라 생활 보조금도 받을 수 있고 아주 적은 금리로 학자금대출도 받을 수 있어 경제적 부담이 적다. 하지만 문제는 12세 때 결정되는 이 트랙이 아이의 미래를 크게 좌우한다는 점이다.

"꼭 엘리트가 돼야 해? 행복하면 되지."

남편의 고등학교와 대학 동창들은 이렇게 말한다. 틀린 말은 아니지만 그들 대부분은 네덜란드의 최고 등급 고등학교를 나와 비교적 안정적으로 살고 있다. 그리고 그 인연을 평생 이어간다. 한국에서 나고 자란 나는 공부 잘하는 아이들끼리만 모이고 나머지는 일찍 경쟁에서 이탈하는 이 구조가 과연 바람직한가 하는 의문이 든다. (톨벤은 이런 시각이 대단히 한국적이라고 말할지도 모른다.)

연구중심대학에 진학한 이들은 시간이 지날수록 소득 수준에서 뚜렷한 차이를 보인다. 교사 부족과 낮은 임금으로 인해 돌발 휴교도 잦다. 창의성을 강조하지만 혁신 지표나 과학기술 경쟁력에서는 기대만큼 성과를 내지 못하고 있다는 지적도 있다.

물론 이건 네덜란드만의 문제가 아니다. 독일, 프랑스, 영국, 미국도 각기 다른 방식의 교육 불평등을 안고 있다. 덴마크나 핀란드도 평등과 행복도는 높지만 학업 성취도는 떨어지는 추세다. 결국 완벽한 교육 시스템은 없다. 평등과 성취, 행복과 경쟁력 사이에서 모든 나라가 고민한다.

그래서 나는 오늘도 생각한다. 어떤 삶이 진짜 '행복한 삶'인지, 어떤 육아가 진짜 '좋은 부모'의 길인지, 부모는 어디까지 아이를 도와주고 격려해주는 게 적절할지. 우리는 각자의 문화와 언어 안에서 그 답을 계속 찾아가고 있다.

## 어린이, 노인, 동물까지도 행복한 나라

지금까지 살펴본 바에 따르면 네덜란드들은 참 지루해 보인다. 맞다. 미국 사람들과 비교하면 흥이 넘치지도 않고, 퇴근하면 곧장 집으로 돌아가 정해진 시간에 쓰레기통을 내다 놓고, 아이와 놀아주는 전형적인 패밀리맨 같다. 거기다 '더치'페이까지 한다. 늘 같은 그룹의 친구들이나 가족과 모여 간단히 식사하고 담소를 나눈다. 솔직히 매력이 떨어져 보인다. 나도 처음 톨벤과 사귀기 시작했을 때 그랬다. 너무 착하고 성실한데 재미는 없는 느낌이었다.

그렇다면 이 사람들은 도대체 무엇을 하며 놀까. 물론 전 국민이 똑같이 즐기는 것은 아니지만 공통적으로 중요하게 여기는 건 운동과 야외 활동이다. 톨벤이 한국에서 회사를 다닐 때 월요일 출근해서 주말에 뭘 했는지 얘기하면 동료들은 "그냥 집에서 쉬었어"라고 답하는 경우가 많았다고 한다. 그런데 네덜란드에서는 그런 대답이 좀 이상하게 느껴질 수 있다는 거다. 네덜란드인들은 "캠핑 다녀왔다"거나 "자전거 여행을 다녀왔다"는 이야기를 자랑처럼 한다. 누가 얼마나 스포티하고 액티브한가의 배틀에 가깝다고 해야 할까. 그들의 집에는 세계 곳곳을 여행한 사진이 벽에 걸려 있고 책장에는 여행 서적이 가지런히 꽂혀 있다.

네덜란드인들에게 자전거는 교통수단의 하나지만 대표적인 여가 활동이기도 하다. 우리 집 뒤 강둑을 따라 난 길은 자전거 순례길인 듯하다. 주말이면 젊은 그룹, 나이 든 그룹, 남녀가 섞인 그룹, 가족 단위 라이더 등 다양한 사람들이 각양각색의 자전거를 타고 지나간다. 그리고 아이들은 어릴 때부터 수영을 배운다. 해수면보다 낮은 땅을 개척해 살아가는 나라에서 수영은 필수다. ('네덜란드'의 '네덜'은 '낮은'이라는 뜻이다.) 보통 네댓 살이면 수영 수업을 시작해 시험을 보고 수료증을 받는다. 여름엔 강둑에서 다이빙하는 사람들도 자주 보인다. 자전거와 수영은 이곳에서 살기 위한 생존 아이템 같은 것이다.

봉사활동에 참여하는 사람도 많다. 우리 옆집 부부를 예로 들면 남편은 마을 악단에서 무료로 공연하고, 아내는 일

주일에 한 번 장애인을 돕는다. 이 사실을 알았을 때 돈에 관한 한 철저한 사람들이 기꺼이 시간을 내어 봉사한다는 점이 조금 의외였다. 한국에서는 봉사가 입시 스펙을 위해 시간을 채우는 일로 시작되는 경우도 많다. 그리고 연말 김장 봉사, 명절 나눔 행사, 단기 해외 봉사처럼 행사 성격이 강하다. 반면 이곳에서는 어릴 때부터 가족이나 학교를 통해 자연스럽게 봉사활동을 시작해 성인이 된 뒤에도 생활 속에서 이어간다고 한다. 스포츠 클럽 운영, 도서관이나 박물관 운영, 지역 축제 준비처럼 작고 지속적인 활동이 많으며, 봉사자 없이는 지역사회가 돌아가지 않는 구조다.

앞서 말했듯 네덜란드인들은 영어도 잘한다. 영어는 네덜란드어가 같은 게르만어파 계통이라 발음과 철자가 비슷해 배우기 수월하다. 그리고 인구가 많지 않아 더빙에 큰 비용을 들이기보다는 자막으로 외화를 방영하는 문화가 자리 잡았다. 덕분에 아이들은 어릴 때부터 자연스럽게 영어에 노출된다. 순전히 내 생각이지만 자전거, 수영, 영어, 이 세 가지를 어릴 때부터 몸에 익히니 어디를 가든 자신감 있고 여행이 쉬울 수밖에 없다. 게다가 유럽은 국경이 맞닿아 있어 해외여행이 그리 큰일이 아니다.

이쯤 되면 지혜로운 사람이 운까지 좋은 셈이다. 만약 이들에게 절제의 미학(?)이 없었다면 전 세계인의 질투를 한몸에 받았을지도 모른다. 하지만 네덜란드인들은 잘난 체하지 않고, 있는 것을 드러내기보다 누추할 정도로 담백하게 살아 간다. 그래서 눈에 띄지 않으면서도 묵묵히 자기 삶을 지켜 낸다.

네덜란드식 여가의 가장 큰 특징은 남녀노소, 심지어 동물까지 함께한다는 점이다. 물이 많은 나라라 보트를 타거나 아예 그 위에서 사는 사람도 있다. 날씨가 좋으면 음악 페스티벌이 열리고, 집 앞에서는 캠핑카들이 시동을 건다. 캠핑카에 자전거를 싣고 유럽 어디든 떠나는데, 돈 적게 쓰며 노는 법을 잘 아는 네덜란드인들의 캠핑 여행은 이미 유럽에서도 유명하다. 말을 반려동물로 키우는 경우도 많아 말 전용 카트를 단 차량을 도로에서 자주 본다.

동물 복지제도도 잘 갖춰져 있다. 반려동물 등록이 의무이며 세금을 낸다. 등록 여부를 불시에 검사하러 오기도 하는데, 우리 집에도 온 적 있다. 세금을 내면 혜택도 많다. 버스·트램·지하철은 강아지가 무료로 탈 수 있고, 기차는 작은 강아지는 무료이고 큰 강아지의 경우 하루 이용권이 약 5,000원(3.3유로)이다. 식당이나 백화점에서 큰 개를 보는 일도 흔하다. 봉순이는 20킬로그램에 가까운 중형견인데 그보다 훨씬 큰 개가 백화점에서 유유히 쇼핑하는 모습을 여러 번 봤다.

아이들에 대한 배려 역시 인상적이다. 힙한 카페나 식당에도 유모차가 빠지지 않고, 강아지에게 자연스럽게 물그릇을 내주듯 아이에게는 종이와 색칠 도구를 내준다. 여름방학이 되면 아이들이 참여할 수 있는 프로그램이 곳곳에서 열리고, 박물관에는 어린이 체험 공간 없는 곳이 드물다. 이런 세심한 배려가 생활 속에 스며 있어 예기치 않게 친절함을 경험할 때면 작은 선물을 받은 듯 기분이 좋아진다.

어르신들도 예외가 아니다. 내가 처음 네덜란드를 방문했을 때 가장 인상 깊었던 것은 카페나 식당에서 여유롭게 식사하고 커피를 마시는 노인들의 모습이었다. 내가 어릴 때 내 할머니는 그런 시간을 누리신 적이 없었다. 하지만 시대가 바뀌면서 할머니도 변하셨다. 세랑이가 태어난 뒤 우리 집에 왔을 때 할머니는 백화점에서 산, 예쁘게 포장된 양말을 나와 톨벤에게 선물하셨다. 늘 시장만 다니실 줄 알았는데 집 근처 백화점 나들이를 즐기신다고 했다. 시원한 에어컨 아래서 물건을 구경하다 지하 식품관에서 맛있는 걸 사먹는 재미를 찾았고, 키플링 가방도 직접 보고 가벼워서 샀다고 하셨다. 꼭 할머니와 함께 백화점에 쇼핑하러 가야겠다고 생각했지만 그러지 못한 채 할머니는 돌아가셨다. 네덜란드에서 풍요와 여유를 즐기는 어르신들을 볼 때면 할머니도 시대를 잘 타고났다면 더 일찍부터 편히 사셨을 텐데 하는 생각이 든다.

　이곳에서는 박물관에도, 헬스장에도 어르신이 많다. 나는 한산한 시간대에 수영장이나 헬스장에 가는 걸 좋아하는데 그때면 늘 어르신이 가득하다. 그분들은 나와 눈인사를 나누고, 내가 기구 사용법을 몰라 헤매면 다가와 영어로 설명해주신다. 나이 들었지만 신체적으로 자신감 있는 그들의 모습은 여러 생각을 하게 만든다. 나도 저렇게 나이 들고 싶다. 그리고 내가 노인이 되었을 때의 하루를 은근히 그려본다. 100세 시대니 노후를 대비해야 한다는 말은 흔하지만 그 모습을 실제로 상상해보긴 쉽지 않다. 그런데 여기서는 매일같이 어르신들을 마주하다 보니 자연스럽게 그 그림이 그려진다. 미래를 미리 맛보는 기분이랄까.

　네덜란드는 이탈리아, 프랑스, 영국, 스페인처럼 화려한 유적지도, 미식 문화도 없다. 그런데 막상 와보면 한번쯤 살아보고 싶은 나라다. 도심에는 운하와 자전거, 식물이 멋스럽게 어우러지고, 창문 너머로 집 안 인테리어가 훤히 보인다. (이것도 칼뱅주의 영향으로 '숨길 것이 없다'는 태도라고 한다.) 오리 가족이 거리를 걷고, 조그만 도시 외곽에만 나가도 얼룩소, 양, 말이 들판에서 쉬고 있다. 비가 잦아 동화에서만 보던 그림 같은 무지개를 보는 일도 흔하다. 이곳 사람들은 세상 사람들 몰래 자신들만의 비밀스러운 원더랜드를 만들어놓고, 그 속에서 소확행을 즐기는 듯하다. 그리고 나 역시 이 나라를, 나만 알고 싶은 비밀로 간직하고 싶어진다.

　물론 여기도 이민자·난민 갈등, 마약, 주택 부족 같은 문제로 고민한다. 하지만 그 모든 현실 속에서도 이들이 만들어가는 일상의 여유와 세대가 함께 어우러지는 삶의 모습에는 배울 점이 많다. 모든 것이 빠르고 정신없이 돌아가는 세상에서 네덜란드식 삶이 주는 작은 위로와 영감은 더욱 값지게 느껴진다.

## 멜라니의 네덜란드 여행지 추천

 사실 나는 여행지를 추천하기에 적합한 사람은 아니다. '괜히 내가 추천해서 갔다가 혹시나 마음에 안 들면 어떡하지, 시간 낭비할 텐데…' 하며 추천한 다음 자책할 게 분명하다. 그런데도 만약 내 친구들이 네덜란드에 온다면 함께 가고 싶은 곳을 한번 이야기해보고자 한다.

**박물관이 정말로 좋다!**

네덜란드 하면 튤립, 풍차, 치즈, 하이네켄, 운하 등이 유명하다는 걸 잘 알고 있을 것이다. 아… 우리에겐 히딩크 감독도 빠질 수 없다. 그리고 고흐와 렘브란트의 나라이기도 하다 보니 박물관도 빼놓을 수 없다. 어쩌면 뻔하다고 할지 몰라도, 내게도 네덜란드 박물관은… 솔직히 GOAT(Greatest of All Time, 역대 최고)다.

요즘 박물관 입장료가 꽤 비싼 편인데, 나와 세랑이는 뮤지엄 카드Museumkaart를 사서 열심히 뽕을 뽑는 중이다. 이 카드는 네덜란드 전역의 400개 이상의 박물관을 1년간 무료로 입장할 수 있는 연간 패스로, 박물관을 서너 번만 가도 본전을 찾을 수 있어서 정말 유용하다.

암스테르담에 자리한 라익스 박물관Rijksmuseum, 반 고흐 미술관Van Gogh Museum, 그리고 현대미술의 중심지인 스테델릭 미술관Stedelijk Museum은 네덜란드를 대표하는 박물관으로 세계적으로도 유명하다. 라익스 박물관은 렘브란트, 페르메이르 같은 거장들의 작품과 함께 17세기 네덜란드 황금시대의 풍성한 회화 컬렉션을 자랑한다. 반 고흐 미술관은 반 고흐 작품을 세계 최대 규모로 소장하고 있어 그의 짧지만 강렬했던 생애를 따라가듯 감상할 수 있다. 스테델릭 미술관은 몬드리안을 비롯한 네덜란드 추상미술부터 현대 설치미술까지 동시대 예술의 흐름을 보여주는데, 건물 외관이 마치 커다란 욕조 같아 처음에는 네덜란드인들조차 시큰둥하게 반응했다고 한다. 지금은 아예 '욕조The Bathtub'라는 별명으로 불리며, 암스테르담에서 또 하나의 랜드마크가 되었다.

여기서는 이 외에 내가 가보고 매우 좋았던 곳 세 군데를 추천하고 싶다.

## 모코 미술관                                              Moco Museum

첫 번째는 뱅크시Banksy와 카우스KAWS의 작품을 볼 수 있는 모코 미술관이다. 뱅크시의 대표작 〈걸 위드 벌룬Girl with Balloon〉과 카우스의 거대한 조각상들을 볼 수 있다. 혼자서도 가고, 세랑이와 함께 가기도 했는데 정말 좋았다.

사실 대학 때 경영을 전공하면서 복수전공으로 미술사를 골라 한 학기 수업을 들은 적이 있다. 결론부터 말하자면 방대한 암기량과 시험 공부량에 비해 성적이 안 나와 바로 포기하고 경제로 복수전공을 바꿨다. 어쨌든 그때 뉴욕의 미술관을 잘 돌아다녔는데 멋지긴 했지만 미술관들의 규모가 상당하다 보니 지치는 건 어쩔 수 없었다. 한번 갈 때마다 너무 피곤하다는 생각이 들었다. 그리고 이제는 나이가 들다 보니 피로감이 점점 더 심해지고 있다.

그에 반해 네덜란드의 미술관은 규모는 작지만 알찬 느낌이라 좋았다. 마치 벽돌 책보다 훨씬 얇지만 한 쪽 한 쪽이 꽉 찬 책처럼 부담 없이 시작했는데도 다 읽고 나면 여운이 오래 남는 느낌이랄까? 특히 모코 미술관은 자녀와 같이 방문하기에도 좋을 듯하다. 세랑이와 작년 여름에 갔을 땐 영국 가수 로비 윌리엄스의 전시가 있었는데, 그 옛날 로비가 이제 화가가 되었다니 신기하기만 했다. 오랜만에 느껴보는 설렘이었다. 곳곳에 포토제닉한 공간도 많았다. 단, 뮤지엄 카드로 무료 입장할 수 있는 게 아니라 30퍼센트 할인만 받을 수 있다는 점과 유모차 반입이 안 돼 어린아이와는 편하게 구경할 수 없다는 점은 참고하시길.

## 크뢸러 뮐러 미술관   Kröller-Müller Museum

다음으로 크뢸러 뮐러 미술관이다. 이곳은 네덜란드 중부에 자리해 여행객이 가기에 그리 편리한 위치는 아니다. (암스테르담에서 기차를 한 번, 버스를 두 번 갈아타야 한다.) 하지만 바로 옆에 호헤 펠뤼웨 국립공원Nationaal Park De Hoge Veluwe이 있어 또 다른 풍경을 선사한다. 그리고 무엇보다 반 고흐의 대표작 〈밤의 카페 테라스〉가 여기에 있다는 점이 가장 큰 매력일 것이다. 이 외에도 모네, 피카소, 몬드리안 등 교과서에서 한번쯤 봤을 법한 세계적인 거장들의 작품이 즐비하다. 야외에는 끝이 보이지 않을 만큼 넓은 조각 정원이 펼쳐져 있는데, 숲길과 잔디 사이사이에 현대 조각 작품이 불쑥불쑥

나타나 산책길을 예술 산책로로 바꿔준다. 미술관 안의 카페에서 정원을 내다보며 마신 커피 한 잔도 좋은 기억으로 남아 또 가보고 싶어진다. 자전거를 잘 타는 사람이라면 국립공원에서 자전거를 무료로 대여해주니 네덜란드인처럼 자전거를 타고 공원을 달려보는 것도 추천한다.

## 포를린던 미술관 　　　　　　　　　Voorlinden Museum

마지막으로 최근에 다녀온 포를린던 미술관이다. 몇 년 전부터 한국 소셜미디어에서 입소문을 탄 곳으로, 나도 알고는 있었지만 이미 인터넷에서 보고 나니 '뭐 별거 있겠어' 하는 마음이 들었다.

　그러다 얼마 전 세랑이가 재미있어 하지 않을까 싶어 내 생일에 맞춰 서프라이즈로 톨벤과 세랑이를 데리고 갔다. 미술관은 예상보다 훨씬 멋졌다. 특히 내가 방문했을 때 열리고 있던 시모네 포스트Simone Post의 《스위트 메모리즈Sweet Memories》라는 전시는 정말 끝내줬다. 작가의 어린 시절 집을 재현한 설치작품으로, 카펫부터 세탁기, 엄마의 재봉실, 이층 침대까지 모든 것이 마시멜로와 사탕으로 만들어져 있었다. 마치 동화 속 과자집에 들어간 것 같은 기분이었고, 세랑이와 나는 물론 톨벤까지 감탄을 금치 못했다. 기프트 숍

까지 알차게 구경한 뒤 박물관 바로 앞에서 아이스크림을 사 먹으니 완벽했다. 한적한 곳에 있어 관광객으로 붐비지 않아 정갈한 네덜란드 교외의 정수를 그대로 보는 듯했다. "아, 이게 진짜 네덜란드지!" 하는 말이 절로 나왔다. 전시는 모던하면서도 아이와 어른 모두 만족할 정도로, 그야말로 딱! 좋았다. 솔직히 얼마 전 다녀온, 세상에서 가장 아름다운 박물관이라 불리는 덴마크의 루이지애나 미술관보다 여기가 내 취향엔 더 맞았다.

바로 옆에 카페와 식당도 운영되니 하루나 이틀 정도 근처 헤이그와 함께 방문해 여유롭게 즐기다 가시길 바란다. 그리고 톨벤 말에 따르면 미술관이 자리한 바세나르Wassenaar는 네덜란드에서 소문난 부촌 중 하나라고 한다. 한때 네덜란드 왕실 가족도 거주했던 곳으로, 지금은 대사관과 외국계 기업에 근무하는 외국인이 많이 거주한다고. 미술관으로 가는 길에 과시가 금물인 네덜란드 부촌을 구경하는 재미도 쏠쏠하다.

**아이가 더 좋아하는 박물관들**

아이와 함께 간다면 암스테르담의 니모 과학 박물관과 위트레흐트의 미피 박물관도 강력 추천한다. 니모 과학 박물관은 재미도 있으면서 교육적이라 좋았다. 거대한 비눗방울 만들기, 전기 실험, 물의 순환 체험 등 손으로 만지고 직접 참여할 수 있는 전시가 다섯 층에 걸쳐 가득하다. 특히 옥상 테라스에서 바라보는 암스테르담 전경도 놓쳐선 안 된다. 아이들이 체험할 수 있는 것이 많아 지루할 틈이 없다. 세랑이는 여기서 온종일 놀고 돌아가는 길에 유모차에서 완전히 뻗고 말았다.

미피 박물관은 몹시 귀여운 곳으로 아이들과 부모는 물론 성인들끼리도 방문하는 곳이다. 미피가 바로 위트레흐트 출신이다. 네덜란드어로는 '네인체Nijntje'라고 부르는데, '네인체'의 '네인'은 네덜란드어로 토끼를 뜻하는 '코네인konijn'에서 온 말이다. 재미있는 건 예전에 헬로키티가 미피를 모방했다는 이유로 소송까지 벌어진 적이 있다는 점이다. 미피가 먼저 나온 오리지널 캐릭터라고 톨벤의 자부심이 아주 크다.

미피 박물관에도 아이들이 직접 참여하면서 시간을 보낼 수 있는 것이 많다. 그리고 곳곳에 부모들이 앉아서 쉴 수 있는 의자들이 마련되어 있어서 편리하다. 카페에서는 미피 모양의 쿠키와 음식까지 파는데 정말 귀엽기 그지없다. 다만 맛은⋯ 기대하지 마시길. 귀여움으로 승부하는 곳이니까!

## 네덜란드 도시 여행

처음엔 네덜란드에 와서 그렇게 많이 돌아다니지 않았다고 생각했는데 지금 보니 주요 도시를 어느덧 거의 다 돌아봤다. 암스테르담에서 위트레흐트, 에인트호번, 레이던, 아른헴, 헤이그, 로테르담을 거쳐, 북쪽 끝 흐로닝언까지. 그런데 대표적인 백화점, 상점들, 비슷한 음식을 파는 레스토랑과 카페들이 있다는 점에서 도시들은 사실 다 구조가 비슷했다.

### 암스테르담 원데이 힙스터 놀이

아르켓Arket 매장을 중심으로 쇼핑 거리에 가면 암스테르담의 '패피'들을 보기에 좋다. 근처에는 감각적인 편집숍 아푸라Afura도 있는데, 미니멀하면서도 세련된 브랜드들을 한눈에 볼 수 있다. 몇 년 전부터 소셜미디어에서 꽤 유명해진 카르멘Carmen Amsterdam이라는 편집숍 겸 레스토랑, 호텔도 이 근처에 있다. 지상 1층과 지하로 된 이곳은 옷, 가방, 액세서리 등이 주인 카르멘의 취향에 따라 깔끔하게 진열되어 있다. 사실 한국의 편집숍 규모가 상당히 크고 다양하다 보니 성에 차지 않을 수도 있지만 이곳에서 한번 식사를 해보시길 권한다.

암스테르담의 건물은 작아 보이지만 뒤로 긴 스타일이라 뒤쪽으로 들어가면 작은 정원의 테라스에서 깔끔한 음식을 맛볼 수 있다. 특히나 감자튀김과 크로켓에 질렸다면 말이다. 빈티지 옷을 좋아한다면 바로 옆에 있는 빈티지 옷가게 에피소드Episode라는 곳도 구경할 만하다. 네덜란드는 날씨가 변화무쌍하다 보니 반소매 옷을 입다가도 갑자기 스웨터나 가디건 같은 것을 걸쳐야 할 때가 있다. 나도 갑자기 추워져 여기에 들어가 상태가 꽤 양호한 캐시미어 가디건을 20유로에 사서 알차게 입었다. 매장은 암스테르담엔 네 군데나 있고 로테르담, 위트레흐트 등 다른 도시들뿐 아니라 프랑스, 독일 등 다른 유럽 국가들에도 진출해 있다.

네덜란드도 전 세계적인 베이글 열풍에서 빠질 수 없다. 플로즈Flo's라는 베이글 가게에는 다양한 베이글을 파는데 심지어 불고기 베이글도 있다. 나는 기본 베이글에 크림치즈를 바르는 걸 가장 선호한다. 취향에 따라 주문한 뒤 근처 공원 프레드릭스플레인Frederiksplein에 앉아서 먹어도 좋다. 베이글 보이Bagel boy라는 곳의 베이글도 쫀득하니 맛있었다. 물론 뉴욕 베이글과는 다르지만… 플로즈 맞은편엔 암스테르담을 기반으로 한 익스트림 캐시미어Extreme cashmere라는 매장이 있는데 내부가 꽤나 독특하다. 가격은 상당하지만 눈치 보지 말고 한번 들어가봐도 된다. 네덜란드에서는 점원이 물건을 꼭 사야 한다고 눈치를 주거나 하지는 않는다. 다만 들어가서 눈을 마주치고 꼭 "하이(혹은 호이)"라고 인사하시길. 수줍어서 눈 마주치기를 거부하면 오히려 무시한다고 오해받을 수도 있으니 말이다.

사진을 좋아한다면 근처의 사진 박물관 폼Foam에 잠시 들러도 좋다. 복잡한 도심 속 조용하고 아담한 공간에서 잠시 휴식하듯 사진을 둘러보면 뜻밖의 힐링이 될 것이다. 빈티지 가구에 관심이 있다면 매년 봄 4월경 빈티지 가구 박람회 '디자인 아이콘Design Icons Amsterdam'이 열리는 기간에 맞춰 방문해도 좋을 것이다. 유럽 전역에서 멋쟁이들이 모여들고, 유명한 디자이너의 가구들을 한자리에서 볼 수 있어 흥미롭다. 다만 가격은 그렇게 저렴하지 않고, 한국까지의 배송비도 만만치 않을 것이다. 티켓은 전년도 가을부터 판매된다. 가구나 인테리어 서적을 한곳에서 만날 수 있는 알키텍투라 & 나투라Architectura & Natura라는 서점도 있는데 책이 영어가 아니라 네덜란드어로 되어 있을 수도 있다는 점은 잊지 말자! 암스테르담 곳곳에 작은 빈티지 가구숍들도 있지만 주로 예약제로 운영되는 듯하고 규모가 큰 곳은 암스테르담 외곽에 있어 차가 없으면 다니기 불편하다. 만약 덴 보스Den Bosch라는 도시를 가게 된다면 미스터 디자인Mister Design이라는 숍에서 유명 디자이너의 가구를 둘러볼 수 있다. 매장은 두 군

데로, 한 곳에는 좀 더 고가의 가구들이 전시되어 있다.

위에서 언급한 곳이 운하가 있는 중심지라 관광객도 많고 다소 복잡했다면 조금 더 로컬 분위기를 느낄 수 있는 카페 토키Toki나 베이커리 생장Saint-Jean에 가보는 것도 좋다. 생장에서는 크루아상과 머핀을 합친 듯한 독특한 페이스트리인 피스타치오 크로핀이 특히 인기다. 직접 먹어보니 속에 가득 찬 피스타치오 크림의 진한 풍미와 고소한 맛이 과연 일품이었다.

암스테르담 중앙역에서 남서쪽으로 10~15분 정도 걸으면 요르단Jordaan 지구 초입이 나온다. 이곳은 감각적인 카페와 편집숍 수카Sukha를 비롯해 개성 있는 상점들이 모여 있어 산책 코스로 제격이다. 토요일에는 요르단 지구의 대표적인 노르더마르크트Noordermarkt와 린던그라흐트 마켓Lindengracht Market이 열린다. 이곳에서는 로컬들이 직접 장 보는 풍경을 가까이서 구경할 수 있고, 갓 구워내는 스트룹와플과 바삭한 생선 튀김 같은 네덜란드 대표 간식들도 맛볼 수 있다.

이 외에도 스페셜티 커피로 유명한 카페가 많고, 세계적으로 인기를 얻어 한국에도 원두를 수출하는 로스터리도 몇 군데 있다. 내가 직접 방문하거나 원두를 주문해본 곳은 루크스Luuk's, 와쿨리Wakuli, 언커먼Uncommon, 닥 커피Dak coffee, 상고Sango, 파이브 웨이즈Five Ways 등으로, 카페 투어를 계획해도 좋다.

## 네덜란드의 진짜 묘미는 시골에

암스테르담은 여러 관광 명소가 밀집해 있어 편리하지만 시간이 허락된다면 꼭 기차를 타고 다른 도시에 한번 다녀오기를 권한다. 진짜 네덜란드의 묘미는 시골 풍경에 있다고 믿기 때문이다. 기차를 타고 이동하다 보면 창밖으로 끝없이 펼쳐진 들판과 마을이 그림처럼 스쳐 지나가는데, 그 자체로 여행의 즐거움이 된다. 한국과 달리 산이 없는 들판에 양, 소, 말 등이 동화책에 나오는 모습을 하고 있는 풍광만 구경해도 힐링이 된다. 곳곳에 물가가 있다 보니 오리나 백조 들도 자주 볼 수 있다. 가벼운 마음으로 기차에 몸을 실어 미피의 도시 위트레흐트(암스테르담에서 약 30분 소요)나 풍차 마을 잔담(Zaandam, 암스테르담에서 약 15분 소요)으로 휙 다녀와보자!

커피 한 잔을 들고 작은 공원을 산책하고, 알버트 하인 Albert Heijn 같은 마트에 들러 납작 복숭아 등 한국에서 흔히 볼 수 없는 과일과 야채를 실컷 구경하고, 낯선 과자에 한번 도전해 보시길 바란다. 그리고 숙소로 돌아와 맥주 한 캔을 따고 오붓한 밤을 보내기를! 비록 과자가 맛없더라도 실패를 두려워하지 않고 도전한 자신에게 박수를 보내기를!

아 참, 마지막으로 꼭 당부하고 싶은 점은 겨울에는 절대

(!) 방문하지 말았으면 좋겠다는 것이다. 네덜란드는 겨울에 오후 4시면 해가 지고, 비바람은 끊이지 않아 그야말로 고행의 연속일 수 있다. 네덜란드가 평생 다시는 가고 싶지 않은 나라가 될지도 모르니까!

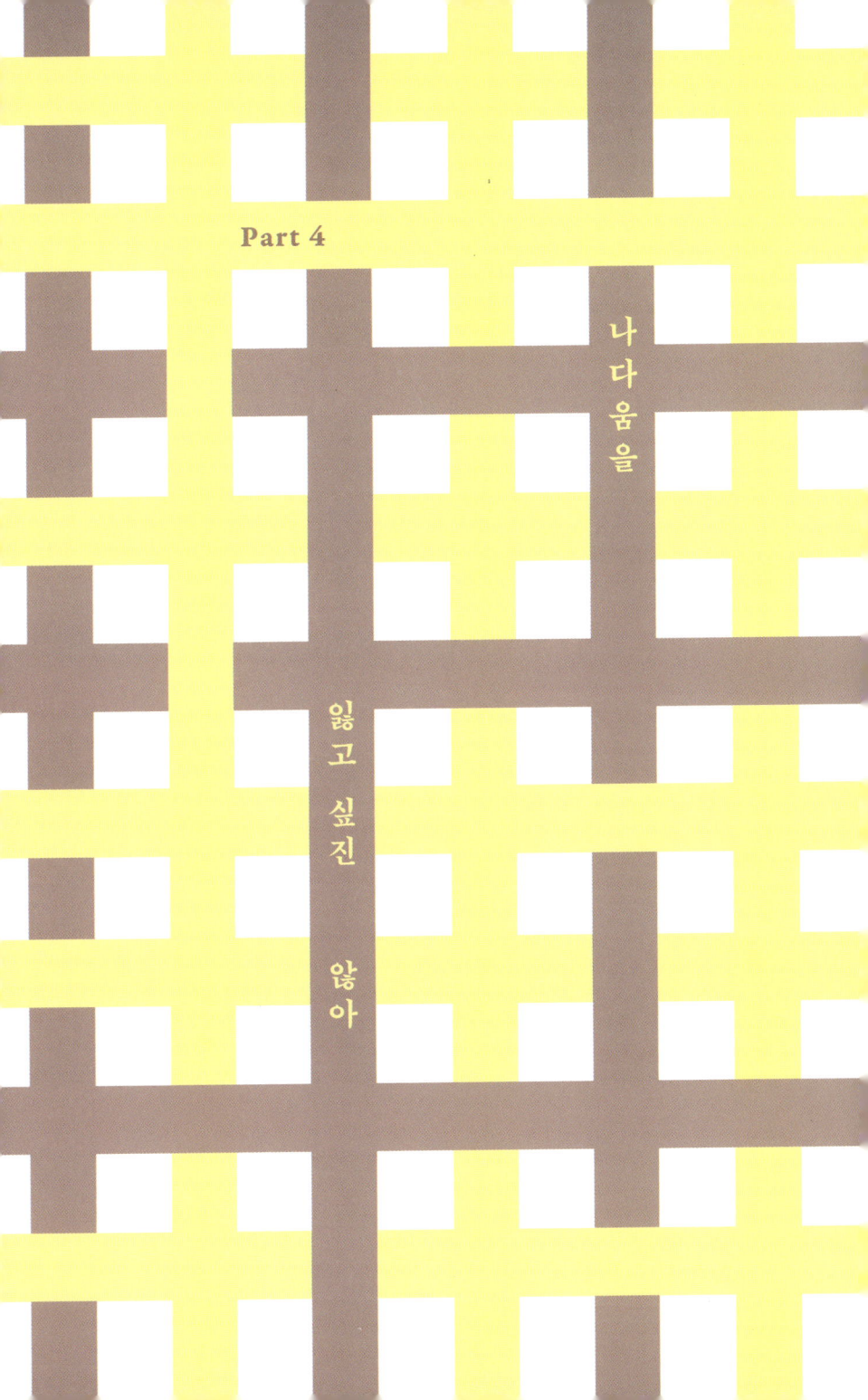

Part 4

나다움을

잃고 싶진 않아

## 그해 여름, 일시 정지

봉택이를 찾은 뒤, 내 생활은 크게 달라졌다. 톨벤이 출근하기 시작했기 때문이기도 하지만 나 자신도 이제까지의 생활 패턴을 전부 바꾸고 싶었다. '전부'라고 해봐야 핵심은 간단했다. 시도 때도 없이 카메라를 들고 촬영하거나 영상 편집한답시고 서재에 틀어박혀 있는 생활. 이 생활은 사실 효율적이지도 않았다. 컴퓨터를 켜고 이메일을 확인하다 엉뚱한 것을 검색하거나, 답장을 쓰느라 골머리를 앓다 커피만 잔뜩 마시고는 불안과 초조 속에서 허우적댔다.

한국에선 정해진 시간에 강의하고, 일주일에 서너 번 운동하며 틈틈이 유튜브 영상을 편집했다. 그게 늘 아쉬워서 네덜란드에 오면 영상 편집에 마음껏 집중할 수 있을 줄 알

앉다. 그런데 몸을 움직이지 않고 앉아만 있다 보니 집중력은 떨어지고, 수시로 커피와 간식을 몸속에 들이부어 만성피로에 허덕였다. 주중에 편집을 끝내지 못하면 주말에도 붙잡고 있게 되고, 그 피로의 영향이 세랑이와 톨벤에게까지 번졌다. 헬스장은 차를 타고 가야 하는 거리에 있어 '생활이 좀 더 안정되면 등록하자'며 미루기만 했다. 책상 위뿐 아니라 온 집 안은 늘 어질러져 있었고, 이민 온 지 꽤 지났는데도 도통 정리되지 않았다. 이제는 정말 끊어내고 싶었다.

모든 것에 '일시 정지' 버튼을 누르고 싶었다. 아니, 반드시 그래야만 했다. 구독자들에게는 너무 죄송했지만 정리가 되면 다시 돌아오겠다고 글을 남긴 채 거의 사라지다시피 했다.

일단 떨어진 체력을 회복하고 싶어 아침 일찍 일어나 맨몸운동부터 시작했다. 톨벤이 6시에 출근한 뒤, 나는 20분간 운동 루틴을 하고 샤워했다. 세랑이가 잠에서 깨면 아침을 챙기고 등원할 준비를 했다. 이전에는 톨벤이 맡았던 일인데 이제 내가 맡게 되었다. 어린이집까지 둘이서 걸으며 이런저런 이야기를 하고, 돌아오는 길엔 오디오북을 들으며 천천히 집까지 걸어왔다. 평소 '언젠가 읽어야지' 했던 벽돌 책부터 가벼운 자기계발서, 그리고 학창 시절에 읽었던 책까지. 도스토예프스키의 『카라마조프가의 형제들』이나 빅토르 위고의 『레미제라블』도 오디오북으로 들었는데, 집안일이나 산책을 하면서 들으니 의외로 집중이 잘됐다.

집에 돌아와서는 본격적으로 집안일을 했다. 평소 정리하지 않았던 서랍장을 열어 물건들을 분류하고 정리했다. 집 근처 쓰레기 수거함에 쓰레기를 내다 버렸다. 웃긴 사실은 네덜란드에 온 이후 처음으로 쓰레기 버리는 일을 내가 했다는 것이다. 내가 생각해도 어이가 없었다. 정말로 한쪽 눈만 뜨고 살았었나 보다. 이제야 비로소 진짜 우리 집에 대해 알아가는 것이었다. 어떻게 하면 집안일을 시스템화해서 루틴으로 만들지 생각해보고, 미뤄둔 집 꾸미기도 속도를 내보기로 했다. 조용히 집 안을 둘러보고 정리하고 가꾸기 시작하자 나는 자연스레 차분해졌다.

그중에서도 다림질하는 시간이 특히 좋았다. 어릴 때도 부모님 옷을 반듯하게 다리는 걸 즐겼다. 셔츠의 주름이 매끈하게 펴질 때 느껴지는 쾌감. 출근하던 시절 일요일 저녁마다 셔츠를 다리던 기억도 떠올랐다.

나른한 오후엔 강아지들과 산책하러 나갔다. 주로 저녁 식사 뒤였던 산책 시간을 낮으로 조정했다. 당분간이라도 저녁엔 세랑이와 톨벤과 같이 시간을 보내보자고 마음먹었기 때문이다. 여름이라 강아지들은 헥헥거리고, 강한 햇볕에 살이 그을려갔지만 그 느낌이 나쁘지 않았다.

그 무렵 건강식에도 점점 눈뜨기 시작했다. 컨디션 난조

의 원인이 음식에도 있다고 생각했기 때문이다. 수면 부족, 불안, 집중력 저하로 이어지는 이 악순환을 끊으려면 음식 또한 바꿔야 했다. 네덜란드 마트에서는 채소와 과일이 물가에 비해 저렴했다. 가지런히 진열된 재료들을 여유롭게 고르는 시간은 참 좋았다. '저걸 사서 어떻게 요리해볼까?'라는 생각에서 시작해 '어떻게 하면 한식을 좀 더 건강하게 즐길 수 있을까' 하는 생각에까지 이르게 되었다.

톨벤 친구들이 놀러 오면 설탕과 간장, 고추장을 듬뿍 넣은 꽤나 자극적인 양념의 한식을 내놓았다. 기름지고 간이 센 음식은 맛있었지만 먹고 나면 속이 편하지 않았다. 그래서 설탕, 조미료, 밀가루, 나쁜 기름 같은 것들을 줄이는 레시피를 찾아보고 감각을 익혔다. 역시 요리든 언어든 많이 해보는 수밖에 없었다. 매일 요리를 하니 자신감이 붙었고 가족과 친구들에게 음식을 내놓을 때 조금 당당해졌다. 사놓고 한두 번밖에 쓰지 않았던 소스들도 내친김에 말끔히 정리했다. 스리라차 소스까지 다 처분하고 나니 한두 개는 남겨놓을 걸 하고 후회하기도 했지만.

몸이 조금씩 가벼워지니 미뤄두었던 자전거도 배울 수 있을 것 같았다. 창고 앞에 둔 녹슨 자전거를 끌고 집 앞길로 나섰다. 안장에 제대로 앉지도 못하고 비틀거리는 나를 지나가는 할머니가 걱정스러운 눈빛으로 바라보셨다. 동네 아이들은 나를 보고 수군거렸다. 안 되겠다 싶어 뒷골목으로 갔다. 10년 전쯤 톨벤이 가르쳐줬을 땐 분명히 어느 정도 탔는데 어쩐 일인지 잘되지 않았다. 균형이 잘 안 잡혀 비틀거렸다. 넘어질까 조마조마하며 핸들을 너무 꽉 잡은 탓에 원래도 좋지 않았던 손목이 시큰거렸다. 결국 땀을 뻘뻘 흘리며 자전거를 끌고 다시 집으로 돌아오는데 그것마저도 왜 이렇게 버거운지 '도대체 이런 걸 왜 타나' 싶었다. 그래도 포기하지는 않았다.

돌아와 유튜브에 '성인 자전거 배우기'를 검색하니 영상이 많이 나왔다. 나같이 어릴 때 자전거를 배우지 못한 사람이 생각보다 많았다. 그 영상들은 확실히 도움이 되었다. 머리로 생각만 하는 것보다 시각적인 이미지로 보다 보니 뭐가 잘못되었는지 좀 더 명확히 알 수 있었다. 다음 날, 굳게 마음을 먹고 자전거를 끌고 밖을 향했다. 어랏, 훨씬 균형이 잘 잡혔다. 핵심은 힘을 빼는 것이었다. 전날엔 긴장해서 손에 힘을 꽉 준 채 코앞만 쳐다본 게 문제였다. 영상에서 본 대로 허리를 조금 펴고 멀리 보려고 했다. 턴할 때는 가고자 하는 방향으로 시선을 먼저 보내면 몸과 자전거도 자연스럽게 따라온다는 것을 이제야 알게 되었다. 아… 조급해하지 말고 멀리 내가 가고자 하는 방향을 보는 것. 아마 삶도 마찬가지겠지?

자전거를 타고 가로수가 양옆으로 뻗은 길을 달리니 온몸에 닿는 바람이 그렇게 좋을 수 없었다. 사십 평생 이 꿀맛을 모르고 살았던 것이다. 왜 세상에 자전거 마니아가 그렇게 많은지 이제야 조금은 이해되었다.

나는 자전거를 타고 내 양 친구들 봉구, 브라우니, 그래쓰에게 빵을 가져다주는 루틴을 만들었다. 책에서는 습관을 만들 때 좋아하는 일과 연결시키라고 했다. 그래서 우리 집 바로 뒤에 있는 아이들을 자전거를 타고 빙 둘러서 찾아갔다. 점심 식사 뒤 노곤해질 때쯤 자전거 연습도 하고 친구도 만나고 졸음도 쫓는 일석삼조의 루틴이었다. 내가 도착하면 셋 중에서도 제일 적극적인 봉구가 가장 먼저 달려왔다. 양들은 거의 3초 컷으로 식빵을 폭풍 흡입했다. 그러면 나는 "난 바빠서 이만 안녕"하고 다시 자전거에 올라탔다. 아직 초보라 뒤돌아보고 손을 흔들어줄 여유 없이 앞만 보고 달렸다. 양들은 한동안 나를 뚫어져라 쳐다보고 있었겠지.

세랑이가 집으로 돌아오면 둘이서 그림을 그리고 인형 놀이도 했다. 강아지들과 함께 마당 나무 아래로 피크닉을 가기도 했다. 이 시간에 일을 안 하고 있다는 죄책감이 한 번씩 올라왔지만 내려놓는 연습을 하기로 했다.

그리고 깨달았다. 내가 집안일과 요리, 육아를 싫어한다기보다 일부러 외면해왔다는 걸. 커리어 우먼답지 않다고 생

각했으니까. 하지만 이제는 달라졌다. 나는 이 집의 '매니저'다. 전통적인 여인상이라며 두려워하거나 피하지 않고, 내가 하고 싶은 일을 내 식대로 하면 된다. 지금은 이것이 나에게 맞다.

저녁이 되면 톨벤이 돌아오고, 우리 셋은 내가 만든 음식을 함께 먹었다. 작년에는 톨벤이 이 모든 걸 전적으로 맡아 나를 지지해주었다. 이제는 내가 그런 톨벤을 지지해주고 싶었다.

가족은 하나의 팀이다. 팀 내 역할은 언제든지 상황에 따라 조금씩 조정되고 바뀔 수 있다고 믿는다. 누가 더 여유 있고, 누가 더 필요한 순간인지에 따라서. 그것이 건강한 파트너십이 아닐까.

어쩌면 나는 그때까지 내 성취에만 매달려 있었는지도 모른다. 하지만 그해 여름만큼은 속도를 늦추고, 주변을 돌아보고 싶었다. 그리고 그 속에서 어떤 생각이 피어오를지 좀 더 지켜보기로 했다.

## 조금은 오래 스미는 이야기를 하고 싶다

　유튜브를 시작한 지도 어느새 6년이 흘렀다. 욕심이 많은 건지 채널도 세 개나 된다. 두 개는 브이로그, 하나는 영어 채널이다. 그동안 많은 채널이 눈앞에서 빠르게 유명해졌다가 조용히 사라지는 걸 지켜봤다. 그럴 때마다 나 자신에게 묻는다. '나는 지금 뭘 하는 사람이지? 왜 유튜브를 하고 있지?'

　'관심받기 위해서?' 맞다. 사실 이런 욕구는 아주 오래전부터 있었다.

　어릴 때 나는 친구가 많지 않았고, 엄마 아빠가 바빠서 혼자 있는 시간이 많았다. 혼자서 공상하는 걸 좋아했고, '만약에 카메라가 날 항상 찍고 있다면 어떨까' 하고 자주 상상했다. 중학교 때 혼자 하굣길을 걸으면서도, 집에 돌아와 냉장고에서 냉동 삼겹살을 꺼내 혼자 구워 먹으면서도 그 상상은 이어졌다. 상상 속 카메라 앞의 나는 더 당당했고, 더 재미있는 사람이었다. 그게 꽤나 오랜 시간 나를 즐겁게 해준, 은밀한 놀이였다.

라디오도 그랬다. 방문을 잠그고 "박혜령의 FM 데이트입니다"라고 말하며 DJ처럼 녹음했다. 〈박소현의 FM 데이트〉 진행자를 흉내 낸 것이었다. 그걸 우연히 들은 가족들에게 놀림받기도 했지만 그 시간만큼은 내가 주인공이었다. 침대에 누워 외국 배우를 영어로 인터뷰하는 상상도 했다. 말도 안 되는 문장으로 혼자 질문하고 대답하면서 인터뷰어와 인터뷰이를 동시에 연기했다. 지금 이렇게 글로 쓰면서도 얼굴이 화끈거리지만 어쩌면 그때부터 이미 나는 나를 기록하고 싶다는 욕구를 품고 있었던 것 같다.

그러니 유튜브는 내게 필연적이었다. 영상을 찍고 음악을 넣고, 내 마음대로 이야기를 편집할 수 있는 세계. 음악과 영화에 빠져 살던 내가 어린 시절 꿈꾸던 작업이 그대로 실현된 셈이었다. 첫 영상을 올렸을 때의 설렘, 첫 댓글이 달렸을 때의 흥분은 아직도 생생하다. 상상 속의 카메라가 현실이 되는 순간이었다.

하지만 현실의 카메라는 상상처럼 단순하지 않았다. 초기에는 학원 강의에 지장이 갈까 봐 얼굴도 드러내지 않았다. 사투리도 민망해서 도통 말하지 않았다. 그러다 몇몇 영상이 뜻밖에 알고리즘을 타고 급상승했다. 유튜브를 시작하면 누구에게나 이런 '기회의 순간'이 몇 번은 찾아온다. 문제는 그 뒤였다. 조회수가 오르면 새로운 사람이 몰려오고, 새로운 시선이 따라온다. 칭찬과 비난이 동시에 몰려오는 것이다.

나를 향한 인신공격적인 댓글, 가족이나 친구까지 겨냥하는 말. 결국 6년간 삶을 꾸준히 공개해오면서, 자기검열은 필연적으로 뒤따랐다. 오늘 아침에도 봉순이와 기차를 탄 영상에 누군가 "얼굴은 밋밋하게 생겼는데 사투리까지 쓰네"라고 댓글을 남겼다. 이 정도는 애교지만 이런 말이 쌓이면 몸 어딘가에 흔적이 남는다.

그런데 칭찬 역시 편치 않았다. "남편도 착하고 아이와 강아지까지 완벽하다" "너무 착하고 밝다" 같은 글을 보면 기쁘면서도 어쩐지 불편했다. 나의 삶은 그렇게 완벽하지 않고, 나는 그렇게 착하거나 밝지도 않은데. 과도한 칭찬은 나를 한발 물러서게 했다. '내가 정말 이런 관심을 받을 자격이 있나?'라는 의심이 밀려왔다. 물 들어왔을 때 노 저어야 한다는 말을 숱하게 들었지만 내 안의 청개구리는 늘 브레이크를 밟았다.

이 습성은 강의에서도 드러났다. 톨벤이 그렇게 하라던

온라인 강의도 계속 미뤘다. 기회가 주어질 때 주저하는 버릇. 나는 왜 그럴까.

쉬는 동안 인정 욕구나 가면 증후군 같은 주제를 다룬 책도 읽어봤다. 읽을 땐 고개가 끄덕여졌지만 막상 삶에선 결론이 나지 않았다. 결국 책은 생각거리를 던져줄 뿐, 답은 나 스스로 찾아내야 한다는 걸 깨달았다.

그 이유를 찾다 보니 어린 시절의 어느 여름날로 돌아갔다. 동네 골목에 소독차가 들어섰다. 아이들은 연기를 따라 달렸고, 나도 앞자리를 차지하고 싶어 전력 질주했다. 어느새 선두에 선 나. 하지만 흥분한 나는 바보 같은 실수를 저질렀다. 연기를 뿜어내는 뜨거운 쇠통을 두 손으로 붙잡고 말았다. 손바닥이 타는 듯 아파 비명을 지르는 사이 아이들과 소독차는 멀리 사라졌다. 나 혼자 그 자리에 덩그러니 서 있었다.

앞서간다는 건 언제나 좋은 게 아니라는 걸, 너무 앞서면 다칠 수도 있다는 걸, 나는 그날 몸으로 배웠다. 그래서일까. 일이 잘 풀리면 불안해지고 조건반사처럼 움츠러든다. 누군가는 조금만 더 버티라고, 지금이 기회라고 하지만 나는 늘 한발 물러섰다. 그게 나의 속도였다.

지난 6년 동안 나는 '유튜브를 왜 해야 하지?'와 '유튜브를 그만둬야 할까?'라는 질문 사이를 끊임없이 오갔다. 영상한 편이 주목받을 때마다 기쁨과 죄책감이 동시에 밀려왔다. "부러워요" "질투나요" 같은 댓글조차 단순히 칭찬으로 받아들이지 못했고, 누군가의 마음을 불편하게 만든 건 아닐까 하는 생각으로 이어졌다. '있는 그대로를 보여주면 된다'는 말이 참으로 어렵게 다가왔다. 결국 영상 속 나는 언제나 편집되고, 검열된 모습이었다.

하지만 최근에는 조금 달라졌다. 누군가는 분명 욕할 거고, 또 다른 누군가는 좋아할 거다. 아무리 검열해도 누군가에게는 불편할 수밖에 없다면 차라리 나를 있는 그대로 보여주는 게 낫지 않을까. 이렇게 생각하니 마음이 한결 가벼워졌다.

이 용기를 준 건 결국 사람들이었다. 몇 번이고 사라졌다 돌아왔는데도 나를 여전히 묵묵히 지켜봐주는 구독자들. 그들은 완벽한 멜라니를 원하는 게 아니라 그저 솔직한 멜라니를 보고 싶어 하는 듯했다. 나의 가장 긴 공백기에도 댓글창은 살아 있었고, 오래 알고 지낸 친구처럼 구독자에게서 안부를 전하는 메시지가 도착했다. 우리는 서로 '덕이 많은 사람들', 줄여서 '덕자'라고 부르며 농담을 주고받는다. 나이도 사는 곳도 제각각이지만 그들과는 설명하기 어려운 연결감이 있다. 얼굴을 마주한 적 없어도, 우리는 많은 시간을 공유했다.

이젠 알겠다. 내가 만드는 영상은 완벽한 힐링 패키지가 아니라 그저 하루의 구멍 같은 거다. 누군가는 거기서 웃음을 얻고, 누군가는 위로를 얻는다. 그렇다면 나는 내가 할 수 있는 만큼 내 이야기를 있는 그대로 건네면 된다.

과도한 비난과 칭찬 사이에서 건전한 비판을 받아들이고, 그들이 나눠주는 지혜와 정보에 더 귀 기울여야 한다. 그리고 내가 하고 싶은 이야기와 그들이 보고 싶어 하는 이야기 사이의 딱 맞는 지점을 계속해서 찾아가야 할 것이다. 결국 유튜브의 본질은 조금은 날것의 미, 그리고 소통에 있다는 것을 잊지 않으려 한다.

앞으로도 계속 유튜브일지, 이 책일지, 혹은 다른 무엇일지는 모르겠다. 다만 모든 것이 빠르게 소비되고 잊히는 시대에 조금은 오래 스미는 이야기를 하고 싶다. 나도, 그리고 우리를 지켜봐주는 사람들도 함께 기억할 수 있는.

## 나의 추구미, 90년대 뉴욕에 사는 무라카미 하루키

들판을 걸으며 '캔트 테이크 마이 아이즈 오프 유Can't Take My Eyes Off You'를 들었다. 빠밤 빠밤 빠밤. 그 리듬에 가슴이 뛰기 시작하더니 "아이 러브 유, 베이비" 대목에서 감정이 터졌다. 이 노래를 처음 들은 건 중학생 때, 멜 깁슨과 줄리아 로버츠가 주연한 영화 〈컨스피러시〉 예고편에서였다. 이유도 모른 채 주구장창 들었고, 지금도 우연히 들을 때면 가슴이 저릿하다. 동시에 90년대의 공기와 냄새가 되살아난다. 아마 나의 부모님이 나훈아나 조용필 노래를 들으며 애절해지는 심정이 이런 거겠지.

열네 살이었나, 열다섯 살이었나. 나는 '미국병'에 단단히 걸려 있었다. 같은 반에 미국에서 살다가 갑자기 한국으로 오게 된 찬미라는 아이가 있었다. 찬미에게 내가 좋아하는 미국 가수와 영화 얘기를 마음껏 할 수 있어서 좋았다. 어느 날 찬미가 우리 집에 놀러 왔다. 내 방 침대에 앉아 있던 찬미가 "넌 왜 그렇게 미국에 가고 싶어?" 하고 물었다. 미국에서 자란 찬미는 내가 미국을 그렇게 좋아하는 것을 신기하게 느꼈다. 나는 얼떨결에 "거기 가면 콜라 한 잔만 마셔도 행복할 것 같아"라고 대답하고 말았다. 참 중2병스럽지만 그때 내게 '미국=자유'였다. 그리고 그해 여름, 찬미는 미국으로 돌아갔다.

고등학생이 되기 직전 방학, 나는 여전히 혼자서 시간을 보내며 상상하기를 좋아했다. 외국 영화를 보고 외국 잡지 기사를 해석했다. 거기서 본 어른들의 세계는 대구의 한 여자중학교를 다니는 나에게는 먼 상상 속에 있는 것만 같았다. 내가 경험해보지 못한, 닿고 싶지만 절대 닿을 수 없는 그런 세계였다. 90년대 뉴욕은 내게 단순한 도시가 아니라 자유와 세련됨의 상징이 되었다.

그즈음, 텔레비전 CF의 "노르웨이의 숲엔 가보셨나요?"라는 문구로 화제가 된 책이 있었다. 무라카미 하루키의 책이었다. 대학생 언니 오빠들이 읽는 책 같았지만 왠지 호기심이 발동했다. 책을 사서 읽어보니 역시 중학생이 읽기엔 많이 난해했다. 그런데 어쩐지 술술 읽혔다. 아마 내용이 야해서였을

지도 모른다. 어쨌든 책을 읽는 내내 감도는 쓸쓸한 분위기, 그 묘한 기운이 내 감수성을 건드렸다. 나는 동네 구립도서관에 가서 하루키의 다른 책들을 읽기 시작했다. 그중 『스푸트니크의 연인』에 나오는 한 구절이 특히 와닿아 다이어리에 적어두었고, 이 문장은 아직도 내 머릿속에 남아 있다. "이해는 언제나 오해의 전부에 지나지 않는다." 그때 나는 느꼈다. '이 아저씨, 내가 생각하던 어른이랑은 좀 다르다.'

한동안 잊고 있다가 20대 후반, 하루키의 책을 다시 만나게 되었다. 영어 강사 시절, 학원이 대구 시내에 있어 동성로 교보문고를 자주 들렀다. 『1Q84』가 당시 서점가를 휩쓸고 있었다. 한때 하루키 좀 읽었다는 허세도 있었고, 남들이 다 읽는 것 같아 별로 당기지 않았지만 가까운 친구도 읽길래 나도 동참하게 되었다. 두꺼운 세 권짜리 책을 단숨에 끝냈다. 이후 『댄스 댄스 댄스』, 『해변의 카프카』 등을 읽고, 중학교 때 처음 읽었던 『상실의 시대』도 마침내 다시 꺼내 들게 되었다. 그리고 나는 어느 때엔 소설 속 미도리가 되기도 하고, 어느 때엔 텐고가 되어 파스타를 요리하고 재즈 음악을 찾아 들었다.

소설 주인공에 너무 매료되자 작가에게도 자연스럽게 더 관심이 생겼다. 그의 인터뷰를 검색해보고 에세이들도 읽기 시작했다. 알면 알수록 이 아저씨 진짜 성실하구나 싶었다.

일상에 대한 잡다한 지식도 어마어마했다. 음악, 여행, 달리기, 자동차… 심지어 양치법까지. 치통으로 고생한 이후엔 운전하면서도 이를 계속 닦았다고 하더라. (이걸 굳이 에세이에 쓴다는 게 더 귀엽다.) 대작가인데 이렇게 자질구레한 얘기를 글로 남긴다는 점도 흥미로웠고, 남의 사생활을 몰래 훔쳐보는 듯한 재미가 있었다. 물론 가끔 같은 소리를 심하게 반복하거나 요즘 시대와 안 맞는 말도 하긴 하지만 그 정도는 그냥 넘어갔다.

결국 하루키의 책은 내게 힐링캠프 같은 존재가 됐다. 그러면서 나는 꿈꾸기 시작했을지도 모른다. 내가 동경하던 90년대 뉴욕, DKNY와 캘빈클라인 광고처럼 단정하면서 세련된 곳에서 하루키처럼 성실하고 개인적인 삶을 살고 싶다고.

그래서 정리하자면 나의 추구미는 '90년대 뉴욕에 사는 하루키'가 되었다. 그런데 이 말은 시작부터 말이 안 된다. 하루키는 90년대에 뉴욕에 살지 않았다. 물론 보스턴에 살면서 종종 뉴욕을 방문했다고는 들었다. 게다가 90년대 뉴욕은 이제 존재하지 않는다. 핀터레스트와 인스타그램 속에서만 살아 있다. 그런데도 거기에 그렇게 집착하는 이유는 아마 내가 경험하지 못한, 절대 가질 수 없는 세련됨을 지녔기 때문일 거다. 세련됨에 대한 동경. 그것은 『위대한 개츠비』속 개츠비의 동경이기도 하고, 고베 출신 하루키가 외국을 바라

보던 감정과도 겹칠 것이다.

얼마 전 팟캐스트 인터뷰에서 브래드 피트가 "미시시피 시골에서 LA로 와 배우가 되겠다 결심했다"고 이야기하며, 마찬가지로 자신처럼 외지 출신인 사회자에게 이렇게 말했다. "우리 같은 사람들… 우린 서로 알아본다(We recognize each other)." 태생부터 세련된 사람들은 그들만의 여유가 있다. 우리는 그것을 동경하지만 대부분 가질 수 없다. 그래서 이런 욕망을 이야기하는 드라마와 영화가 계속해서 나오는 게 아닐까? 아마도 그건 지방 출신들이 공유하는 어떤 콤플렉스일지도 모른다.

90년대 뉴욕으로는 영영 갈 수 없지만 아이러니하게도 그 비슷한 감각을 네덜란드 시골에서 찾았다. 내가 온 이 네덜란드 시골은 마법처럼 90년대에 시간이 멈춘 곳 같다. 특히 우리가 자리 잡은 이 집은 90년대에 마지막으로 리모델링을 하고 그대로 유지하고 있다. 각 방 콘센트 버튼 하나하나에까지 그 감성이 고스란히 남아 있다. 나에게는 90년대 로맨틱 코미디에 나올 법한 롱아일랜드의 어느 주택 같다. 물론 그것보단 훨씬 가성비 좋은 버전으로. 그래서 톨벤에게 이 집은 "우리의 햄튼 별장이야"라고 말한다. 그리고 암스테르담은 우리의 맨해튼이다. 평일엔 햄튼에서 영상을 편집하고 글 쓰고 운동하고 강아지들과 산책하면서 생산적이지만 과

하게 바쁘지 않게 지내고, 주말이면 맨해튼(2025년의 맨해튼 보단 느릿느릿하지만)으로 가서 도시 에너지를 얻고 돌아오는 삶. 이런 삶은 20대에 롱아일랜드에서 대학을 다니면서 기차를 타고 한번씩 맨해튼을 오갔던 리듬감이 더해 만들어진 것일지도 모른다.

그리고 나는 우리 집에 내가 만든 세계를 조금씩 덧칠해 나갔다. 내 서재는 90년대 뉴욕 스타일로 꾸미기로 작정했다. 뭐랄까… '캘빈 클라인 홈' 광고 같은 공간이랄까. 하하, 생각만 해도 오글거리지만 설레었다. 톨벤이 원래 갈색이었던 벽을 하얀색으로 칠해줬고, 나는 왜인지 하얀 가구들을 사다 모으기 시작했다. 모두 제각각 다른 곳에서 빈티지 가구들을 샀는데 모으고 보니 전부 하얀색이었다. 검은 벽난로를 사이에 두고 하얀 책상과 책장, 소파, 안락의자 등이 자리했다. 어색하리만큼 하얀색들의 조합이지만 난 좋다. 나만의 세계를 만들었으니까.

창밖 길가에는 롤러스케이트를 탄 엄마와 딸 그리고 낚시대를 든 아빠와 아들이 지나가고, 오래된 차들이 느릿하게 달려간다. 여름이 오면 동네 야외 수영장이 문을 연다. 그 풍경은 마치 90년대 경주 부곡하와이, 혹은 뉴욕 코니아일랜드 같은 분위기를 품고 있다. 요즘 시선으론 촌스러워 보일 수도 있지만 나에겐 그 촌스러움마저 향수로 다가온다.

내친김에 내가 탈 중고 컨버터블카도 샀다. 원래는 20년 넘은 90년대 빈티지카를 사려고 했는데 실제로 타보니 브레이크 등이 영 불안했다. 세랑이를 태우고 고속도로를 달릴 자신이 없었다. 그래서 절충해 15년 된 중고차를 샀다. (사실 하루키가 이 차를 마음에 들어 해 세 번이나 소유했었다는 걸 알게 되어 따라 하게 되었다.) 그가 말한 대로 차 지붕을 열고 에릭 버든 앤드 디 애니멀즈Eric Burdon & The Animals의 '스카이 파일럿Sky Pilot'을 들으며 달릴 때의 자유로움. 지난가을엔 그걸 자주 따라 했다. 물론 지금은 다시 오디오북으로 돌아왔지만.

아침 일찍 일어나 커피를 한 잔 내려 서재에 들어와 책상에 앉는다. 이 시간은 머리가 깨끗한 상태라 뭘 해도 잘 된다. 모락모락 김이 나는 커피를 한 모금 마시고 오늘 해야 할 일을 시작한다. 곧이어 컴퓨터 화면에 몰입한 나는 혼자 실룩실룩 웃는다. 어떤 때는 영상을 편집하고 어떤 때는 글을 쓴다. 그리고 또 계획을 세운다. 재미있다. 책상에서 이렇게 내가 하고 싶은 일을 하는 게 얼마나 좋은 일인지.

그때 "엄마~" 하는 세랑이 목소리가 들린다. 나는 자리에서 벌떡 일어나 "어~" 하며 달려간다. 세랑이는 어느 날은 "엄마, 나 스스로 내려왔어"라며 꽤나 의젓하게 웃고 있고, 어느 날은 "엄마 어디 갔었어! 아빠 없었어~" 하며 울기도 한다. 나는 "엄마 방에 있었지"라며 세랑이를 꼭 껴안고 정수리에 뽀뽀한다. 그렇게 우리의 아침은 시작된다.

어쩌면 내가 하루키를 너무 따라 하는지도 모른다. 하지만 그냥 대놓고 오마주하기로 했다. 열다섯 살의 내가 조금은 이상하다고 생각했던 아저씨처럼 나이 들어가는 것. 그것이 내 추구미가 아닐까.

## 위스키의 밤과 뉴욕의 여름

나는 여행을 자주 다니는 것도, 가끔 다니는 것도 아니지만 어느 순간부터 여행에 대한 설렘이 줄어들었다. 맛집이라 불리는 곳에 가봐도 기대만큼 맛있지 않았고, 유명한 관광지를 찾아도 별 감흥이 없었다. 매일같이 출근하던 시절에는 휴양지에 가서 아무것도 안 하고 싶다고 생각하기도 했지만 지금은 그것도 별로 내키지 않는다. 네덜란드에 온 뒤로 여러 도시를 둘러봤지만 다른 나라의 여느 도시들과 비슷해 보였다.

이런 내 여행 세포를 확실히 깨우는 방법이 하나 있다. 바로 '의미 부여 여행'. 별것 아닌 여행에도 혼자 의미를 덧씌우는 방식이다. 하루키의 책 『만약 우리의 언어가 위스키라고 한다면』을 따라가는 여행. 열 번도 넘게 본 영화 〈비포 선라이즈〉의 촬영지인 빈에 가서 영화 속 장소를 따라가보는 여행. 그리고 젊은 날을 보냈던 뉴욕에 딸과 함께 가보는 여행. 이런 건 의미가 아무리 유치하다 해도, 경비가 많이 든다 해도 후회가 남지 않는다. 그리고 무엇보다 오래, 선명하게 기억에 남는다.

네덜란드에서 처음 맞은 겨울은 유난히 길고 축축했다. 해가 떠도 금세 사라지고, 흐린 날이 몇 주씩 이어졌다. 오전 10시가 되어야 겨우 밝아졌다가 오후 3~4시만 넘으면 다시 어두워졌다. 해를 자주 못 보면 사람이 우울해질 수도 있다고 해서 이런 계절성 우울증을 가리켜 'SAD $^{Seasonal\ Affective}$ $_{Disorder}$'라고 부른다. 새드… 그 이름처럼 내 마음도 기묘하게 가라앉았다. 감정이 바닥에 붙은 듯 좀처럼 끌어올려지지 않았다. 게다가 심한 감기에 걸려 목소리도 안 나오고 몸살 기운으로 일주일 가까이 어두운 방에 누워 있어야 했다. 나는 그때 사소한 결정 하나까지 곱씹으며 자신을 괴롭혔다. 지금 돌아보면 겨울의 그림자가 큰 몫을 했던 것 같지만 당시에는 그 점을 인정하기도, 누군가에게 털어놓기도 싫었다.

봄 햇살이 들어오자 조금은 나아졌다. 그때 '일상을 깨뜨릴 무언가'가 필요하다고 생각했고, 하루키의 위스키 여행을 따라가야겠다고 결심했다. 톨벤이 여름 내 생일에 '혼자 하는 여행권'을 선물로 준 덕에 나는 기운이 채 돌아오기도 전에 스코틀랜드의 아일레이섬으로 향했다. 출산 이후 처음으로 온전히 혼자 떠난 여행이었다. 미안하면서도 솔직히 해방감을 느꼈다.

섬은 조용했지만 어쩐지 따뜻했다. 용기를 내어 들어간 바에는 나보다 나이가 조금 많아 보이는 여성 바텐더가 서 있었다. 그녀는 내게 아일레이의 다양한 위스키 향을 맡아보게 해주더니 자신이 가장 좋아한다는 부나하벤Bunnahabhain을 추천해주었다. 잔을 앞에 두고 잠시 이야기를 나누었다.

그녀는 이 섬이 고향이라고 했다. 한때 런던과 미국에서 연구하는 일을 하다 친구가 운영하는 바를 잠시 도와준 것을 계기로 벌써 몇 년째 이 일을 계속하고 있다고 했다. 앞으로 어디로 가야 할지 잘 모르겠다며 꽤 솔직하게 이야기를 털어놓았다. 아마도 말하지 않은 더 깊은 사연이 있지 않았을까? 문득 그녀의 모습에 뉴욕에서 돌아와 대구에서 강사로 지내던 내 모습이 겹쳐 보였다. 언젠가 그녀도 홀연히 이곳을 떠날 것 같다는 예감이 들었지만 굳이 말하지 않았다.

그녀의 이야기가 고마웠다. 위스키를 몇 잔 시켰지만 다 마시지는 못하고, 대신 메모 한 장과 적은 팁을 조용히 남기고 자리를 나왔다. 그날의 공기와 목소리 그리고 위스키 향은 오래도록 내 마음에 남았다. 혼자 떠난 첫 여행이 내게 준

건 휴식만이 아니었다. 이 여행으로 나는 혼자서도 충분히 잘해낼 수 있다는 자신감을 되찾았다.

그로부터 1년 뒤인 2025년 봄, 내게 두려움처럼 남아 있던 도시 뉴욕에 다시 갈 용기가 생겼다. 실패의 기억이 깃든 곳이라 애써 피해왔지만 이번엔 세랑이와 함께였다.

뉴욕 거리를 세랑이 손을 잡고 걷는 일은 꿈만 같았다. 노란 택시들이 길모퉁이를 휙휙 지나가고, 세랑이는 핫도그를 한 입 베어 물며 환하게 웃었다. 그 모습만으로도 지난 기억이 서서히 덮이는 듯했다.

사실 나의 20대는 그 누구의 것처럼 불안했다. 불안해서 잠 못 이루던 밤이 많았다. 그런데 그 불안 속에서도 아름답게 남아 있는 기억이 하나 있다. 절실히 취업을 원하던 어느 여름밤, 그날도 한 네트워킹 이벤트에서 어설픈 대학생 명함을 내밀고 다른 사람들의 명함을 잔뜩 받아 나왔다. 행사가 끝난 뒤, 미국인 친구 둘과 함께 콜럼버스 서클 분수대에 앉아 우리의 미래에 대해 이야기했다. 어느 회사에 가고 싶고, 왜 그곳을 꿈꾸는지, 그리고 진짜 되고 싶은 것은 뭔지. 허황된 꿈이나 겉멋 든 바람이었을지 몰라도 우리는 계속해서 떠들어댔다. 길에는 즐거워하는 사람들의 웃음소리가 흘렀고, 공기는 선선했다. 분수대에서 작은 물방울들이 튀어 그 여름

밤은 더욱 꿈같았다. 그 순간이, 그해 여름 아니, 내 20대를 통틀어 가장 황홀하게 기억된다.

그 시절 나는 한국에 있는 가족 걱정, 생활비 걱정과 함께 뉴욕에 남아 있을 수 있을까 하는 두려움으로 늘 흔들렸다. 신기하게도 그 불안 속에서 피어오르는 작은 희망은 유난히 반짝였다. 아마 그래서 그 밤이 내 청춘의 가장 선명한 장면으로 남은 것 아닐까.

이번에 세랑이와 다시 그 거리를 걷자 오래된 불안은 서서히 치유로 바뀌었다. 뉴욕 여행의 마지막 밤, 세랑이가 잠든 뒤 나는 카메라를 켜고 그 앞에 앉았다. 자연스레 마음 깊은 얘기가 흘러나왔다. 유튜브에서는 한 번도 말한 적 없는 내 과거를 이야기했다. 그리고 그 영상에 댓글이 많이 달렸다. 그들도 그들의 이야기를 들려주었고, 그 이야기들은 다시 나를 위로했다. 부담 없지만 가볍지도 않은 연결. 그 충만함은 뉴욕의 불빛처럼 오래도록 그날의 잔상으로 남았다.

혼자 떠난 여행이 나를 회복시켰다면 아이와 함께한 여행은 또 다른 선물을 주었다. 사실 예전엔 어린아이를 데리고 고생하며 여행하는 게 이해되지 않았다. 게다가 아이가 커서 그 일을 기억조차 못한다면 무슨 의미가 있을까 싶었다. 그런데 막상 해보니 알겠다. 빠르게 성장하는 그 시기 아이의 얼굴과 몸짓을 강렬하게 기억할 수 있다는 것, 낯선 곳에서 온전히 나에게 의지하는 아이와의 특별한 교감, 낯선 세상에서 우리 단둘이 결속된 듯한 그 기분이 얼마나 값진지 알게 되었다.

여행을 망설일 때면 나는 자신에게 말한다. 가능하다면 떠나라. 시간이 있고, 경비가 있고, 두 다리가 아직 튼튼하다면. 이 세 가지 조건이 모두 맞아떨어지는 순간은 생각보다 많지 않다.

물론 여행에서 돌아오면 또다시 일상이 밀려온다. 위스키 여행을 마치고 돌아오니 세랑이는 몹시 아팠다. 엄마의 빈자리가 컸던 것처럼. 뉴욕 여행을 다녀온 뒤에는 내가 발목을 삐었다. 그래도 괜찮다. 여행은 결국 제자리로 돌아와 다시 일상을 살아가고 싶게 만들고, 멀리서 비춰본 나와 내 사람들을 새삼 사랑하게 하는 일이니까. 빨래를 널 때 느껴지는 햇살, 현관문을 열자 꼬리를 흔들며 달려오는 강아지들처럼 사소한 풍경들을 유난히 반짝이게 만드니까.

그래서 오늘도, 언젠가 다시 펼칠 다음 여행을 마음속에 조용히 접어둔다.

## 가장 이기적인 것이 가장 이타적인 것

네덜란드에 살면서 특히 내 시선을 사로잡은 건 언제 어디서든 운동하는 사람들이었다. 출퇴근하거나 장을 보러 가기 위해 자전거 타는 풍경은 당연하고 그와는 전혀 다른 결로, 땀을 흘리며 운동 삼아 페달을 밟는 사람도 많았다. 동네 축구장에는 평일 저녁과 주말이면 늘 축구공이 굴렀다. 테니스 라켓이나 하키 스틱을 든 여중고생들이 삼삼오오 모여 걷는 모습은 나의 중고생 시절을 떠올리게 했다. 또 수영장이나 헬스장에선 할머니, 할아버지부터 아이들까지 모두 자신만의 속도로 몸을 움직였다. 그 풍경은 누가 특별히 잘하거나 못하는 것을 따지는 분위기가 아니었다. 숨 쉬듯, 물 마시듯, 그저 그들 삶의 일부처럼 흘러가고 있었다.

우리 집에 놀러 온 톨벤의 친구들도 예외는 아니었다. 꼭 한 번씩 달리기를 하고 갔고, 아니면 톨벤과 세랑이와 함께 수영장에 들렀다. 나는 그런 모습들이 보기 좋으면서도 체력이 부족하다거나 시간이 없다며 그 자리에 빠지곤 했다. 하지만 속으로는 언젠가 체력을 길러서 저들과 운동을 함께 즐기고 싶다는 마음이 차곡차곡 쌓여갔다.

내 차가 생기자 일단 나는 혼자 수영장에 갔다. 운전해서 20분 거리로 네덜란드에서는 꽤 먼 거리였지만 네덜란드에서 본격적으로 운전 연습도 할 겸 나에게는 딱 좋았다. 낮 시간에는 자유 수영이 허락되었는데 운이 좋으면 한 레인을 통째로 쓸 수도 있었다.

접영 빼곤 웬만큼 할 수 있었기에 자유형으로 시작해 평영, 배영을 번갈아가며 30분쯤 수영했다. 물속에서는 호흡만 생각하려 했지만 마음대로 되진 않았다. 잡념이 계속 올라왔다. 그래도 몸의 감각에 집중하려 애썼다.

수영한 지 20분이 지나면 '이제 그만할까?' 하는 마음이 밀려왔다. 거기서 '조금만 더'하며 다짐하다 보면 어느덧 30분이 되어 있었다. 그러면 뒤도 돌아보지 않고 수영장을 나왔다.

사실 나는 운동을 좋아하지 않았다. 아주 어릴 땐 날쌔서 달리기 경주도 곧잘 나갔다. 그런데 초등학교 5학년 때 반에서 두 번째로 빨리 월경을 시작하면서 몸은 더 이상 위로 자라지 않고 옆으로만 커져갔다. 그 뒤론 줄곧 방에 틀어박혀 혼자 노는 걸 좋아했고 격렬하게 운동하는 사람들이 이해되지 않았다. 물론 20대에 살을 빼기 위해 헬스장을 기웃거리긴 했지만 영 성향에 맞지 않는다고 생각했다. 하지만 출산한 뒤 컨디션이 급격히 떨어지자 PT를 시작했고, 근육 쓰는 법을 조금 알게 되자 격렬한 운동을 하는 사람들의 마음을 조금은 이해하게 됐다.

수영으로 몸을 풀고 나니 헬스장에 가고 싶어졌다. 이번엔 운전해서 15분 거리에 있는 헬스장에 가보았다. 이 헬스장은 말 그대로 gym, 체육관 같았다. 넓은 공간에 낡은 기계가 가득했다. 한국에서 다니던 힙한 신상 헬스장과는 정반대였다. 세련되지 않았지만 그 때문인지 마음이 덜 위축되었다. 그저 심플하게 '운동하는 곳' 같은 느낌이 좋았다. 10대 아이들부터 70~80대는 되어 보이는 어르신들까지 연령층도 다양했다.

이번에도 30분만 하자고 마음먹었다. 스트레칭을 하고 기구 두세 개만. 가장 익숙한 레그프레스부터 했다. 한국에서 PT를 받았을 땐 70킬로그램까지도 밀어댔지만 1년 반 만에 40킬로그램도 버거워졌다. 그래도 '시작이 반'이라 하지 않았나. 한번 다녀오니 다음 날은 헬스장 가는 발길이 가벼워

졌다.

내가 조금씩 달라지는 걸 보자 톨벤도 움직이기 시작했다. 재택근무 하는 날 점심시간에 나와 함께 헬스장에 가겠다고 했다. 어차피 점심 식사는 식빵에 치즈나 땅콩버터를 곁들이는 정도라 5분 만에 가능했다. 그렇게 우리는 일주일에 한두 번 헬스장 데이트를 하게 되었다.

그러던 어느 날 헬스장 탈의실 문에 붙은 포스터가 눈에 들어왔다. 늘 있던 것이었지만 그날따라 '요가'라는 글자가 유난히 눈에 띄었다. 웹사이트에 들어가보니 요가와 HIIT(High Intensity Interval Training, 고강도 인터벌 트레이닝) 수업이 함께 적혀 있었다. 같은 선생님이 두 가지를 모두 가르친다니 의아했지만 1회 체험권이 있어 바로 구매했다.

먼저 간 건 HIIT 수업이었다. 내 또래 여성이 여섯 명 정도 있었고, 나는 뒷줄에 서서 쑥스러워하며 동작을 따라 했다. 15분 동안 꽤나 길게 준비운동을 한 다음 25분간 욕이 절로 나올 만큼 강한 운동이 이어졌다. 그리고 다시 15분 동안 마무리 요가 동작을 곁들여 스트레칭했다.

첫 수업을 마치고 생각했다. '바로 내가 찾던 수업이다!' 선생님은 불필요한 말 없이 동작이 엉성하면 곁으로 와 조용히 바로잡아주었다. 음악과 조명도 절묘했다. 나를 위해 네덜란드어와 영어를 섞어서 진행해주기도 했다.

이 수업으로 새로운 감각을 배웠다. 땀으로 흠뻑 젖어 숨이 턱까지 차올랐을 때 나는 옆에서 함께 버티는 다른 여성들과 눈이 마주쳤다. 그 순간 우리는 같이 웃었다. 서로 잘 아는 사이도 아니지만 어쩐지 연대가 느껴졌다. 혼자가 아니라는 감각. 그걸 몸으로 알게 되는 경험이었다.

요가 수업은 헬스장이 아니라 우리 집에서 조금 더 가까운 요가원에서 진행됐다. 요가원에서 만난 선생님은 또 다른 모습이었다. 헬스장에서의 스포티한 모습은 사라지고 수련을 많이 한 요기 같았다. 나는 예전에 한국에서 여러 요가원을 다녔다. 마음에 드는 선생님을 찾지 못하다가 몇 번의 시행착오 끝에 좋은 선생님을 만났다. 하지만 출산을 핑계로 발길을 끊었다. 그런데 네덜란드에서 다시 이렇게 좋은 선생님을 만날 줄이야. 그녀는 나에게 귀인 같았다.

나는 꼬박꼬박 수업에 참석했다. 그러자 톨벤이 이번에도 "나 요가도 한번 해볼까?" 하고 나섰다. 하지만 요가 수업은 수요일 저녁과 금요일 오전뿐이라 금요일 오전은 출근해야 하고 수요일 저녁은 세랑이를 두고 우리 둘이서 나갈 수 없었다. 톨벤에게 혼자 가보라고 하니 그러긴 쑥스럽다고 했다. 때마침 이웃이 고등학생 베이비시터를 소개해줬다. 덕분에 우리는 수요일 저녁엔 요가 데이트를 즐길 수 있게 되었다. 첫 요가 데이트를 마친 톨벤은 "힐링 타임이었어"라고 말했다. 그리고 그날 밤 간만에 꿀잠을 잤다.

네덜란드에서 맞는 나의 두 번째 생일에는 달리기 마니아인 톨벤의 친구 타이스가 놀러 와 함께 들판을 달렸다. 그는 늘 내가 너무 일만 한다고, 주말에도 컴퓨터 앞에만 앉아 있다고 구박 아닌 구박을 했다. 그날 같이 달리면서 무언가를 안 하고 있으면 불안하고 죄책감이 몰려온다고 타이스에게 솔직히 털어놓았다.

"가만있으면 왜 이렇게 불안할까. 언젠가부터 그랬던 것 같은데. 혹시 너도 그런 기분을 느껴?"

타이스는 단호히 고개를 저었다. "전혀."

가벼운 그 한마디는 나 또한 가볍게 해주는 듯했다. 그는 또 내게 "음악을 들으며 달리는 것도 좋지만 가끔은 아무것도 듣지 말고 달려보라"고 했다. 이후 나는 이어폰을 빼고 달려봤다. 바람 소리, 발이 땅을 디디는 리듬만 남았다. 훨씬 자유로웠다.

'화장실 들어갈 때와 나올 때 마음이 다르다'는 말처럼 운동도 그렇다. 시작하기 전엔 불안이 스멀스멀 올라오고 잡념에 휘둘리지만 끝내고 나면 뭐든 해낼 수 있을 것 같은 기분이 된다. 힘든 걸 버텨낸 순간, 어제보다 조금 더 강해진 나 자신이 된다.

얼마 전부턴 헬스장에서 스텝밀, 일명 '천국의 계단'을 30

분씩 일주일에 서너 번쯤 하고 있다. 한때는 너무 두렵고 하기 싫었던 운동 기구였다. 운동을 꾸준히 해온 사람들은 '그걸 뭘 두려워할 것까지야…'라고 생각하겠지만 나는 그 높은 곳에서 계단이 계속해서 돌아가는 게 상당히 부담스러웠다. 너무 지쳐서 계단에서 떨어지기라도 할 것 같았다. 나 자신의 체력적 한계를 일찌감치 그어놓은 셈이다. 그런데 이제 30분 정도는 할 수 있게 되었다. 나의 비법은 간단하다. 넷플릭스 다큐 〈F1, 본능의 질주〉를 틀어놓고 계단을 밟는 것이다. 선수들이 목숨 걸고 달리는 걸 보면 묘하게 자극이 된다. 15분쯤 지나면 땀이 비 오듯 쏟아지고, 이후 시간은 금세 지나간다. 땀을 한바탕 흘리고 나면 기분이 그렇게 상쾌할 수 없다. 그리고 남은 하루만큼은 뭐든 할 수 있을 것 같다는 느낌이 든다.

　세랑이가 태어난 뒤 절실히 깨달은 건 우리 중 누군가 아프면 집안이 잘 돌아가지 않는다는 거다. 나의 건강과 멘탈을 챙기는 일은 어쩌면 가장 이기적인 동시에 가장 이타적인 일일지도 모른다. 내가 바로 서야 비로소 주변을 돌볼 힘과 여유가 생긴다. 숨이 가빠지고 근육이 타들어가는 그 순간이, 결국은 가족에게 더 따뜻하게 웃어줄 수 있는 바탕이 된다. 조금 거창하지만 가장 이기적인 것이 가장 이타적인 것이라고 믿으면서 오늘도 운동 완료!

## 마흔에 새로운 친구를 만든다는 것

네덜란드에서의 두 번째 겨울을 앞두고 나는 계절성 우울증을 본격적으로 조사하기 시작했다. 인터넷에는 이 증상으로 고통받았던 외국인들의 호소 글이 생각보다 많았다. 그리고 그들이 어떻게 이를 대비하고 극복했는지, 일종의 '십계명' 같은 가이드라인도 쉽게 찾아볼 수 있었다.

가장 먼저 알게 된 방법은 비타민 D 복용이었다. 알고 보니 우리 집만 빼고 주변의 거의 모든 네덜란드인이 이미 비타민 D를 먹고 있었다. 동네에서 만난 한 간호사 출신 여성은 여름에도 꾸준히 먹어야 한다며, 안 먹으면 큰일 난다고 격앙된 어조로 말했다. 자신은 의사와 주기적으로 만나 혈액 속 비타민 D 수치도 체크한다고 했다. 다음 방법은 인공 햇빛을 발하는 '해피 램프'를 책상 위에 올려두고 쬐는 것이었다. 이 두 가지는 간단하게 실행할 수 있었다. 나는 당장 비타민 D과 해피 램프를 주문했다.

다음 단계는 사회적 교류와 취미 생활이었다. 친구를 만나 영화나 보거나 게임을 함께하거나 뜨개질처럼 몰입할 수 있는 취미를 갖는 것이 도움 된다고 했다. 각종 이벤트나 페스티벌에 참여하는 것도 겨울의 단조로운 리듬을 깨뜨리는 좋은 방법이라고 했다. 또 중간중간 햇볕이 많은 곳으로 여행을 떠나거나 겨울 스포츠를 즐기는 것도 긴 겨울을 견디는 데 중요한 장치였다. 가만히 들여다보면 이 모든 게 결국 네덜란드인답게 '허젤리흐'한 시간을 보내는 방식이었다. 그래, 이제 진짜 본격적으로 네덜란드 문화에 적응하기 위한 도전이 시작되는 거다.

그런데 이 허젤리흐는 누군가와 함께하는 것이 핵심 아니던가. 나는 결심했다. 이번엔 진짜 친구를 사귀어야겠다고. 친구 앞에 '진짜'라는 말을 붙이는 게 우습기도 했지만 톨벤을 통해 만나는 관계가 아니라 내가 스스로 인연을 만들어보고 싶었다.

그런데 문제는 도대체 어디서 만나느냐였다. 동네에서 나와 비슷한 나이대로 보이는 사람들과 인사를 나누다 커피를 함께 마신 적도 있었지만 결국 이야기가 제자리에 머물자 자

연스럽게 연락이 끊겼다. 취미가 비슷한 사람을 만나면 좋겠다고 생각했지만 억지로 서두르고 싶지는 않았다. 그러던 중 다양한 이벤트에 적극적으로 참여해보기로 했다.

그때 마침 아트 페어가 눈에 들어왔다. 예전부터 꼭 가보고 싶었던 행사라 입장권을 예매했다. 그리고 일회용 카메라 필름을 현상하려고 검색하다가 암스테르담의 한 필름 현상소에서 마련한 원데이 수업을 발견했다. 때마침 필름 사진을 배워보고 싶다는 생각이 머릿속에 맴돌던 터라 망설임 없이 수업료를 결제해버렸다.

설레는 마음으로 도착한 장소에는 남녀 합쳐 열 명 남짓 모여 있었다. 사실 필름 사진의 세세한 노하우를 배우길 기대했지만 전반적인 사진술에 대한 내용 위주라 약간 아쉬웠다. 그런데 수업을 마치고 나올 때 옆자리에 앉았던, 키가 크고 짧은 금발인 여성과 잠깐 대화를 나누게 되었다. 이야기하다 보니 우리에게 공통점이 많다는 걸 발견했다.

실비는 체코 출신으로, 스코틀랜드와 프랑스에서 대학을 다녔고, 네덜란드에서 대학원을 마친 뒤 커리어를 시작했다고 했다. 나이는 나보다 꽤 적은 30대 초반이었고, 현재는 네덜란드인 남편과 결혼해 암스테르담 근처에서 살고 있다고 했다. 사진은 나처럼 '초짜'라고 했지만 이미 필름 사진을 꽤 찍어온 듯 익숙해 보였다.

수업 직후 아트 페어에 가려던 참이라, 나는 혹시나 해서 "같이 갈래?" 하고 물었다. 뜻밖에도 그녀는 흔쾌히 오케이했다. 마침 집 인테리어를 마무리하지 못해 벽에 어울릴 만한 그림을 찾고 있었다고 했다. 급히 표를 산 그녀와 근처 이탤리언 샌드위치 가게에 들어가 점심을 함께 했다. 샌드위치를 먹으며 아이, 반려동물, 외국에서의 대학 경험 같은 이야기를 주고받았다. 나는 세랑이와 강아지들 이야기를 했고, 실비는 아직 아이는 없지만 언젠가 갖고 싶다고 했다. 대신 고양이 두 마리를 키우고 있는데, 한 마리는 봉택이처럼 소심한 성격이라고 했다. 실비도 동물을 무척 좋아했다.

아트 페어로 향하는 길에서도 우리는 100문 100답을 이어갔다. 특히 책 이야기에 이르러 마음이 더 통했다. 실비는 하루키를 읽은 적이 있다고 했다. 사실 하루키는 세계적인 작가지만 내 주변에서 그의 책을 읽은 사람은 톨벤의 친구 요스트가 유일했다. 이어서 나는 좀 진부하지만 체코 작가인 밀란 쿤데라 이야기를 꺼내지 않을 수 없었다. 그렇게 우리는 책 취향까지 통한다는 걸 확인했다. 아트 페어에서 특별히 마음에 드는 작품을 발견하지는 못했지만 돌아오는 길에 마음이 따뜻하게 차오르는 걸 느꼈다. 과연 '우리는 다시 만나게 될까?' 하는 생각이 스쳤다.

며칠 뒤 우리는 메시지를 주고받았다. 둘 다 문자 보내는 걸 귀찮아하는 타입이란 걸 금세 알아챘고, 괜히 억지로 연락을 이어가지 않기로 했다. 결론부터 말하자면 그 후 우리는 2~3개월에 한 번씩 꾸준히 만나고 있다. 함께 커피 박람회에도 가고, 사진도 찍으러 다니고, 전시회도 봤다. 실비를 우리 집에 초대해 톨벤과 세랑이도 소개했다. 그녀가 내 서재에 들어왔을 땐 들뜬 마음에 오래된 밀란 쿤데라의 한국어 책을 꺼내 보여주기도 했다. 물론 카프카도. 생각해보니 조금 민망하다. 꼭 선생님께 거짓말 안 했다고 증명하려는 아이처럼 굴었던 것 같다. 그만큼 그녀와의 신뢰를 쌓고 싶었던 거다.

참 신기했다. 세상 전혀 다른 곳, 다른 배경에서 자랐고 나이도 외모도 달랐지만 공통점이 꽤나 많고 마음이 통한다는 게. 그녀와 얘기하다 보면 이성적이면서도 따뜻한 면이 느껴졌다. 그래서 이 인연이 오래 이어졌으면 좋겠다고, 그러나 너무 들뜨지는 말자고 생각했다.

자주 만나진 않아도 좋은 친구가 생기니 마음이 한결 안정됐다. 사람들에 대한 선입견도 조금씩 풀렸다. 동네에서는 아이 엄마, 아빠들과 부담 없이 교류를 이어가며 서로 아이들을 맡아 주기도 했다.

그렇게 두 번째 겨울을 무사히 넘겼다. 미리 계획한 스키 여행도 한몫했다. 톨벤 친구 가족과 함께 떠난 여행이었는데 마침 세랑이 또래의 여자아이들이 있어 세랑이도 새로운 친구를 사귈 수 있었다. 사실 크게 기대하지 않고 따라간 여행이었지만 의외로 톨벤 친구들과 보내는 시간이 아늑하고 즐거웠다. 마지막 밤에 한 톨벤 친구의 아내와 육아와 일에 대해 이야기 나눈 일도 마음에 오래 남았다.

 두 번째 겨울은 새로운 인연과 함께 나눈 웃음, 아늑한 시간들, 그리고 작은 용기들이 내 마음에 불을 밝히는 시간이었다. 나이 들수록 새롭게 관계 맺는 일이 어려워진다고 하지만 어쩌면 그래서 더 의미 있는 것 같다. 서로의 삶을 존중하고, 작은 공통점에도 기뻐하는 마음. 그런 순수함이 마흔 살에도 가능하다는 걸 알게 되었다. 여전히 겨울은 길고 어두웠지만 그 안에서 나는 조금 더 편안해진 것 같았다.

### 까치발로 잡는 균형

나는 한때 이동진 평론가와 김중혁 작가가 책에 관해 이야기하는 팟캐스트 〈이동진의 빨간책방〉의 열렬한 청취자였다. 듣지 않은 에피소드가 없었고, 이미 들은 방송도 다시 들었으며, 홍대에서 열린 공개 방송에도 찾아갔다. 방송이 끝난 뒤 이동진 평론가는 한 사람 한 사람에게 친절히 사인을 해주었는데, 기차 시간 때문에 사인을 받지 못한 채 대구로 내려온 게 지금도 아쉬움으로 남아 있다.

그들의 가볍지만 진지한 대화가 좋았다. 몇 년간 듣다 보니 어느 순간부터는 마치 나도 그 자리에 함께 앉아 있는 것 같았다. 특히 하루키의 『색채가 없는 다자키 쓰쿠루와 그가 순례를 떠난 해』를 다룬 회차를 여러 번 반복해 들었는데, 그

때 이동진 평론가가 한 말은 아직도 기억난다. "하루키 소설의 주인공들, 그리고 하루키 자신까지도 마치 대지에 발을 온전히 붙이지 못한 채 까치발로 서 있는 듯한 느낌을 준다." 이 표현이 참 와닿았다.

까치발… 까치발로 세상을 살아가는 사람들이라… 얼마 전 다시 읽은 『위대한 개츠비』의 닉도 그런 인물이 아닌가 싶었다. 어디에도 속하지 않으려 하면서 동시에 경계에 서서 세상을 바라보는 사람. 하루키가 가장 좋아하는 작품으로 『위대한 개츠비』를 꼽고 직접 번역까지 한 이유도 이제 충분히 알 것 같았다.

학창 시절 나는 스스로 세상에서 한 발짝 물러서 세상을 관조하는 사람이라 생각했다. 무언가를 하고 싶었지만 나를 어디에 어떻게 써야 할지 몰라 까치발을 한 채 서 있는 듯한 느낌. 나만의 세계에 머물며 다른 이들에게 다가가지 않는 듯한 태도가 그땐 왠지 조금 멋있어 보이기도 했다.

하지만 마흔이 된 지금의 나는 어떤 발로 서 있을까?

작년 겨울, 나는 스노우보드를 처음 제대로 배웠다. 10여 년 전 톨벤을 따라 대충 타본 적은 있었지만 레슨을 제대로 받은 건 이번이 처음이었다. 첫날, 나는 스키장 초급자 코스에서 연신 넘어졌다. 앞으로 넘어질 것 같으면 뒤로 넘어지고 뒤로 넘어질 것 같으면 앞으로 넘어지는, 그야말로 아슬

아슬한 시간이었다. 무릎에는 까맣게 멍이 들었고 엉덩이도 쑤셨다. 그런데 이상했다. 아픈 줄도 모르고 계속 일어나서 다시 시도하고 있었다.

강사가 말했다. "몸에 힘을 빼세요. 그리고 바로 코앞이 아니라 멀리 보세요. 떨어질 곳만 보면 정말 떨어져요." 처음엔 몸이 따라주질 않았다. 겁나서 힘이 빠지지 않았고 멀리 내다볼 여유가 없었다. 그런데 몇 번 반복하다 보니 서서히 용기가 생겼다. 살짝 고개를 들며 "멀리 보자. 자전거를 탈 때처럼" 하고 주문처럼 되뇌었다. 그리고 가고자 하는 방향으로 고개를 살짝 돌리자 발이 저절로 그 방향을 향해 움직였다. 위험한 순간에는 까치발로 보드를 들어올려 속도를 줄였다가, 안전해지면 다시 발꿈치를 내리고 지면을 따라 몸을 맡겼다.

제대로 된 턴을 처음 성공했을 때 기분은 지금도 잊을 수 없다. 바람이 뺨을 스치고, 내 몸이 의도대로 움직이는 순간, '아, 이래서 사람들이 스포츠에 빠지는구나' 싶었다. 톨벤이 뒤에서 "잘했어!"라고 소리치는 게 들렸다. 그때 깨달았다. 인생도 그렇지 않을까. 발꿈치을 올렸다 내리며 균형을 잡아가면서 넘어져도 다시 일어서서 나아가는 것.

결혼하고 강아지를 데려오고 아이가 생기며 함께 살다 보니 언제까지나 까치발로만 설 수는 없다는 걸 알게 되었다. 나 혼자서 균형을 잡는 게 아니라 옆 사람과 함께 맞춰야 했

으니까. 균형을 맞춘다는 건 어쩌면 내가 조금은 모호해지는 일이기도 했다. 예전엔 나 자신이 사라질까 두려웠지만 지금은 다른 사람들과 섞여 조화를 이루는 것도 나쁘지 않다는 생각에 이르렀다. 빨강, 파랑, 노랑, 초록이 다 모여야 무지개가 되는 것처럼.

강아지들을 데리고 걷다 보면 한쪽에서는 봉택이가 잡아당기고, 다른 쪽에서는 봉순이가 멈춰 선다. 결국 우리는 보폭을 맞추고 속도를 조절하며 함께 걷는다. 돌아오는 길에는 어느새 셋의 발걸음이 비슷해져 있다. 그렇게 걷는 일이, 인생에서 균형을 잡는 연습처럼 느껴진다.

하루키의 최근 작품들에서도 그 까치발이 조금씩 내려앉는 기미가 보인다. 그의 세계 안에 동시대를 함께 살아가는 사람들에 대한 시선이 스며들었다. 그래서인지 그의 글을 읽고 나면 예전보다 더 따뜻함과 희망이 느껴진다.

나는 종교가 없지만 우연을 운명이라 믿고 싶다. 스스로 '멜라니'라고 이름 붙인 중학생 시절, 나중에 그 뜻이 '까만'이라는 걸 알게 되었을 때의 놀라움. 어릴 적 까만 피부 때문에 놀림받기도 했지만 오히려 그 이름을 나 스스로 선택하면서 운명을 바꾼 듯한 기분이 들었다. 단점으로 보이던 것이 나를 설명해주는 고유한 빛이 될 수 있다고 믿게 되었다.

사과의 도시 대구의 인연이 이어지듯 지금 사는 마을에

도 사과나무가 가득하다. 게다가 이 마을 이름에는 내 이름 'mel'이 들어 있다. 조금 유치해 보일지 몰라도 이 작은 믿음이 나를 계속해서 앞으로 나아가게 한다.

6년 전 유튜브를 시작하지 않았다면 지금의 나는 책을 쓸 기회도 가지지 못 했을 것이다. 그것도 내가 그렇게 좋아했던 〈이동진의 빨간책방〉을 만든 위즈덤하우스와 함께라니. 인생은 계획대로만 되진 않기에 불안하면서도 흥미롭다.

이제 나는 이렇게 말해주고 싶다. "나 자신과 친하게 지내자." 나를 의심하고 미워하며 지쳐 있던 지난날과 작별을 고하고, 나 자신을 믿어보기로 한다. 앞으로도 나는 의미를 부여하며 살아갈 것이다. 때로는 지나치게, 때로는 억지스럽게. 하지만 그 모든 믿음이 결국 내일의 나를 만들어줄 것이다.

몇 년 뒤 내 삶은 어디에 있을까? 네덜란드일까, 뉴욕의 시골일까, 다시 한국일까, 아니면 전혀 예상 못 한 또 다른 나라일까. 모른다. 다만 분명한 건, 이 책을 마무리하면 다시 혼자서 수영장에 가볼 것이고, 여름에 세랑이와 타려고 사둔 인라인 스케이트를 꺼내 들 것이다.

그리고 계속 배우고, 시도하고, 나누고 싶다. 글을 쓰는 일도, 영상을 만드는 일도, 영어를 가르치는 일도. 완벽하지 않아도 괜찮다. '멜라니'라는 이름으로 함께 으쌰으쌰 하며 살아가는 삶. 그것이 내가 앞으로 꾸려가고 싶은 삶이다.

## 진돗개 두 마리와 네덜란드에서 살고 있습니다

**초판 1쇄 발행** 2025년 11월 5일
**초판 2쇄 발행** 2025년 11월 12일

**지은이** 박혜령
**펴낸이** 최순영

**출판1 본부장** 한수미
**와이즈 팀장** 장보라
**편집** 장보라
**디자인** 홍세연

**펴낸곳** ㈜위즈덤하우스  **출판등록** 2000년 5월 23일 제13-1071호
**주소** 서울특별시 마포구 양화로 19 합정오피스빌딩 17층
**전화** 02) 2179-5600  **홈페이지** www.wisdomhouse.co.kr

ⓒ 박혜령, 2025

ISBN 979-11-7171-548-0 03810

- 이 책의 전부 또는 일부 내용을 재사용하려면 반드시 사전에 저작권자와 ㈜위즈덤하우스의 동의를 받아야 합니다.
- 인쇄·제작 및 유통상의 파본 도서는 구입하신 서점에서 바꿔드립니다.
- 책값은 뒤표지에 있습니다.
- 본문 내 사진과 하단 그림은 모두 저자의 창작물입니다.

Living in the Netherlands

with    Two Jindo Dogs